# 金融强国

## 理论与实践

曾康霖 / 编著

西南财经大学出版社

中国·成都

**图书在版编目(CIP)数据**

金融强国理论与实践/ 曾康霖编著.--成都:西南
财经大学出版社,2024. 10. --ISBN 978-7-5504-6424-7

Ⅰ. F832

中国国家版本馆 CIP 数据核字第 2024WU1145 号

**金融强国理论与实践**

JINRONG QIANGGUO LILUN YU SHIJIAN

曾康霖　编著

责任编辑:廖　韧　刘佳庆　植　苗　李思嘉　陈子豪
责任校对:李　琼
封面设计:墨创文化
责任印制:朱曼丽

| | |
|---|---|
| 出版发行 | 西南财经大学出版社(四川省成都市光华村街55号) |
| 网　址 | http://cbs. swufe. edu. cn |
| 电子邮件 | bookcj@ swufe. edu. cn |
| 邮政编码 | 610074 |
| 电　话 | 028-87353785 |
| 照　排 | 四川胜翔数码印务设计有限公司 |
| 印　刷 | 成都市金雅迪彩色印刷有限公司 |
| 成品尺寸 | 185 mm×260 mm |
| 印　张 | 16 |
| 插　页 | 8 页 |
| 字　数 | 156 千字 |
| 版　次 | 2024 年 10 月第 1 版 |
| 印　次 | 2024 年 10 月第 1 次印刷 |
| 书　号 | ISBN 978-7-5504-6424-7 |
| 定　价 | 98.00 元 |

曾康霖90华诞纪念

风风雨雨九十载
呕心沥血育英才

一年好景君须记　最是橙黄橘绿时

宋·苏轼《赠刘景文》

天开地辟人才出　风起云飞汗竹香

宋·熊禾《送洛阳靳都事》

等闲识得东风面　万紫千红总是春

宋·朱熹《春日》

风声　雨声　读书声　声声入耳

家事　国事　天下事　事事关心

明·顾宪成

《书院门联》

# 序言

　　金融是国民经济的血脉，是国家核心竞争力的重要组成部分。党的十八大以来，以习近平同志为核心的党中央把马克思主义金融理论同当代中国具体实际相结合、同中华优秀传统文化相结合，加强对金融工作的全面领导和统筹谋划，积极探索新时代金融发展规律，不断加深对中国特色社会主义金融本质的认识，不断推进金融实践创新、理论创新、制度创新，提出加快建设金融强国的战略目标，明确了中国特色金融的发展方向，为新时代新征程推动金融高质量发展提供了根本遵循和行动指南。

　　金融是西南财经大学的优势学科和鲜明特色。学校有着悠久的金融学科办学历史，1925年光华大学创办之初便设置了商科银行系，确立了"谋金融之安定、促工商之发达"的教学理念；20世纪50年代，学校在财政系设立了财政信贷专业；1978年，学校恢复招生后在财政金融系设立了金融学专业；1979年，学校划归中国人民银行主管，成立了金融系，逐渐形成了独特的金融行业背景和突出的金融学科优势；1997年，学校成为国家"211工程"重点建设高校；2000年，学校划转教育部管理，通过申报评比，教育部人文社会科学重点研究基地"中国金融研究中心"花落西南财经大学；2002年，学校金融学科被评为首批国家重点学科；2011年，学校"金融学科群与中国金融创新发展"成为国家"985工程"优势学科创新平台建设项目；2017年，学校"应用经济学"入选国家一流学科。历经近一个世纪的风雨兼程，学校金融学科始终站在国家经济发展的最前沿，共同见证了我国金融事业从无到有、由弱变强、对内对外双向开放逐步扩大、影响力不断提升的奋进历程，为推动金融理论创新、金融学科建设、金融人才培养、金融教育发展等作出了载入史册的重要贡献，形成了"金融"这块金字招牌，学校因此被誉为"中国金融人才库"。

  漫漫征途，上下求索。回首我国金融学科建设之路，曾康霖教授是当之无愧的开拓者之一。先生静心治学、潜心问道，长期致力于金融基础理论创新和金融学说史研究，是中国转轨金融理论的先驱，是中国特色金融理论的不懈探索者；先生治学严谨，成就卓著，2013 年荣获"中国金融学科终身成就奖"，所著的《百年中国金融思想学说史》荣获"孙冶方金融创新奖"；先生言传身教、诲人不倦，躬耕教坛六十载，赢得桃李满天下；先生虚怀若谷、襟怀坦荡，深受后生晚学敬仰。2013 年，先生将自己所获 100 万元奖金全部捐献出来设立了"曾康霖奖学金"，旨在激励青年学子潜心学问、追求卓越，崇高风范令人敬佩。先生已届耄耋之年，依然笔耕不辍，为青年教师治学育人树立了光辉榜样。先生的崇高信念、治学品格、精神境界成为学校大师文化的重要组成部分，必将激励青年教师赓续前行、不懈奋斗，续写学校改革发展新篇章。

新思想引领新时代，新使命开启新征程。建设金融强国是新时代新征程推动我国金融高质量发展的重大战略，是以中国式现代化全面推进强国建设、民族复兴伟业的有力支撑。作为一所财经类高校，服务金融强国建设既是学术使命，又是政治责任。《金融强国理论与实践》一书从马克思主义政治经济学破题，鲜明地提出金融强国的真实意义在于金融安全，深刻阐释了习近平总书记关于金融强国建设的重要论述，系统分析了"五篇大文章""六个强大""中国特色金融文化"等重要方面，对建设金融强国的实践基础与路径进行了探索，见解独到、内容深刻，兼具理论性和实践性。这本书既是曾康霖教授多年研究成果的集中体现，也是先生对我国金融事业发展的深邃思考和前瞻性探索，是先生继《百年中国金融思想学说史》《中国特色市场经济》等著作之后的又一力作。更为可贵的是，这是先生在 89 岁高龄仍然关心国家金融事业发展、为中国式现代化建设奉献智慧和力量的真实写照。通读全书，我们可以发现曾康霖教授在金融理论与实践方面的深厚造诣和独到见解。先生的这部新作不仅为我们提供了一个理解金融强国内涵的全新视角，也为我国金融改革与发展提供了宝贵的政策建议。

2024 年 1 月 16 日，习近平总书记在省部级主要领导干部推动金融高质量发展专题研讨班开班式上发表重要讲话，要求各级领导干部要增强金融思维和金融工作能力。我相信，这本书的出版将在我国金融学术界和实践界产生重要的影响，为理论研究和实践工作提供借鉴和指导。衷心希望众多学者和实践者能够认真研读这本书，共同推动我国金融强国建设伟大事业不断前进。

赵建军

2024 年 8 月于光华园

# 目录

# 导论

  党的十八大以来，我国在谋求实现中华民族伟大复兴中国梦的大背景下，持续致力于推动金融高质量发展、建设金融强国。我们一如既往地从马克思主义的思想和文化中吸取智慧，砥砺前行。毋庸置疑，马克思主义的思想和文化，为我们在新时代建设金融强国提供了指导。为了深刻地揭示这一点，必须从马克思和恩格斯的革命生涯开始说起。

  伟大的无产阶级革命导师卡尔·马克思（1818年5月5日—1883年3月14日）生于普鲁士王国莱茵省特里尔市。从马克思诞生到2024年，已经206年了。两百多年来，这位革命导师不仅指导我们勇于实践，而且激励我们解放思想、踔厉向前。

  马克思年轻的时候酷爱文学。中学毕业后，他先后在波恩大学、柏林大学研究法学、历史学和哲学，最后在耶拿大学取得博士学位。马克思在1843年迁居巴黎，开始从事政治、经济、革命活动，后担任《莱茵报》主编。1844年马克思参与创办《德法年鉴》并发表一系列文章，标志着他完成了世界观转变。

当时，英、法两国的无产阶级开始作为独立的政治力量登上历史舞台，1848 年法国巴黎无产阶级起义震动了整个欧洲。就是在这样的历史时代，1844 年 9 月，**马克思和恩格斯在巴黎相见（恩格斯于 1820 年生于普鲁士王国莱茵省伍珀塔尔市）。从此，"这两位朋友的毕生工作，就成了他们的共同事业"。他们在革命实践中共同战斗，在革命理论上共同创造。1846 年，马克思和恩格斯在布鲁塞尔建立了共产主义通讯委员会。1847 年，他们参加共产主义者同盟，共同草拟了该同盟的纲领，即《共产党宣言》。1864 年，马克思在伦敦创建了国际工人协会（在第二国际成立后才被称为"第一国际"），奠定了共产主义国际组织的基础。**1870 年以后，马克思和恩格斯一直住在伦敦，"他们两人始终过着充满紧张工作的共同的精神生活"①。马克思发现了人类历史的发展规律，发现了资产阶级社会的特殊的运动规律，他最伟大的著作《资本论》就是这方面研究的结晶。作为马克思伟大事业的终身战友的恩格斯，在马克思逝世以后，出色地完成了《资本论》第二、三卷的整理出版工作，卓越地领导了国际工人运动，直至 1895 年 8 月 5 日因病逝世。正如列宁所说，马克思和恩格斯的革命友谊

---

① 列宁. 列宁选集：第一卷 [M]. 北京：人民出版社，1972：91.

"超过了古人关于人类友谊的一切最动人的传说"①，在马克思之后，"恩格斯是整个文明世界中最卓越的学者和现代无产阶级的导师"②。

在这两位导师的革命生涯中，有什么事迹是令人难忘、值得纪念的？**我作为学者，认为值得提出来的是：一是在马克思逝世后，恩格斯在马克思墓前的讲话；二是在马克思逝世 30 周年后，列宁发表了名为《马克思主义的三个来源和三个组成部分》的文章。**

在马克思墓前，恩格斯以他深沉的哀思、高度的艺术笔触，概括了马克思对人类的贡献。他说：

**（1883 年）3 月 14 日下午两点三刻，当代最伟大的思想家停止思想了。让他一个人留在房里总共不过两分钟，等我们再进去的时候，便发现他在安乐椅上安静地睡着了——但已经是永远地睡着了。**

这个人的逝世，对于欧美战斗着的无产阶级，对于历史科学，都是不可估量的损失。这位巨人逝世以后所形成的空白，在不久将来就会使人感觉到。

正像达尔文发现有机界的发展规律一样，**马克思发现了人类历史的发展规律，即历来为繁茂芜杂的意识形态所掩盖着的一个简单事实：人们首先必须吃、喝、住、穿，然后才能从事政治、科学、艺术、宗教等等；**

---

① 列宁. 列宁选集：第一卷［M］. 北京：人民出版社，1972：92-93.
② 列宁. 列宁选集：第一卷［M］. 北京：人民出版社，1972：86.

所以，直接的物质的生活资料的生产，因而一个民族或一个时代的一定的经济发展阶段，便构成为基础，人们的国家制度、法的观点、艺术以至宗教观念，就是从这个基础上发展起来的，因而，也必须由这个基础来解释，而不是像过去那样做得相反。

不仅如此，马克思还发现了现代资本主义生产方式和它所产生的资产阶级社会的特殊的运动规律。由于剩余价值的发现，这里就豁然开朗了，而先前无论资产阶级经济学家或者社会主义批评家所做的一切研究都只是在黑暗中摸索。

一生中能有这样两个发现，该是很够了。甚至只要能作出一个这样的发现，也已经是幸福的了。但是马克思在他所研究的每一个领域（甚至在数学领域）都有独到的发现，这样的领域是很多的，而且其中任何一个领域他都不是肤浅地研究的。

这位科学巨匠就是这样。但是这在他身上远不是主要的。在马克思看来，科学是一种在历史上起推动作用的、革命的力量。任何一门理论科学中的每一个新发现，即使它的实际应用甚至还无法预见，都使马克思感到衷心喜悦，但是当有了立即会对工业、对一般历史发展产生革命影响的发现的时候，他的喜悦就完全不同了。例如，他曾经密切地注意电学方面各种发现的发展情况，不久以前，他还注意了马赛尔·德普勒的发现。

因为马克思首先是一个革命家。以某种方式参加推翻资本主义社会及其所建立的国家制度的事业，参加赖有他才第一次意识到本身地位和要求，意识到本身解放条件的现代无产阶级的解放事业——这实际上就是他毕生的使命。斗争是他得心应手的事情。而他进行斗争的热烈、顽强和卓有成效，是很少见的。最早的《莱茵报》（1842 年），巴黎的《前进报》（1844 年），《德意志—布鲁塞尔报》（1847 年），《新莱茵报》（1848—1849 年），《纽约每日论坛报》（1852—1861 年），以及许多富有战斗性的小册子，在巴黎、布鲁塞尔和伦敦各组织中的工作，最后是创立伟大的国际工人协会，作为这一切工作的完成——老实说，协会的这位创始人即使别的什么也没有做，也可以拿这一成果引以为豪。

正因为这样，所以马克思是当代最遭嫉恨和最受诬蔑的人。各国政府——无论专制政府或共和政府——都驱逐他；资产者——无论保守派或极端民主派——都纷纷争先恐后地诽谤他，诅咒他。他对这一切毫不在意，把它们当作蛛丝一样轻轻抹去，只是在万分必要时才给予答复。现在他逝世了，在整个欧洲和美洲，从西伯利亚矿井到加利福尼亚，千百万革命战友无不对他表示尊敬、爱戴和悼念，而我敢大胆地说：他可能有过许多敌人，但未必有一个私敌。

**他的英名和事业将永垂不朽！**①

---

① 马克思，恩格斯. 马克思恩格斯全集：第十九卷 [M]. 北京：人民出版社，1963：374-376.

　　这篇讲话首先让人们感受到的是语言的特色。"3月14日下午两点三刻，当代最伟大的思想家停止思想了。让他一个人留在房里总共不过两分钟，等我们再进去的时候，便发现他在安乐椅上安静地睡着了——但已经是永远地睡着了。"**在这里，恩格斯没有用"逝世"或"去世"这样的词，而是说"当代最伟大的思想家……已经是永远地睡着了"。这样的表达不仅会暂时抑制周围人的悲伤，而且显示出马克思这位思想巨匠的灿烂光辉。而"让他一个人留在房里"这样的表达，让我们感受到了一份深深的遗憾。而"不可估量的损失"和"空白"，则让我们去想象和联想。**恩格斯概括了马克思一生的两大贡献：一是发现了人类历史的发展规律，即生产力决定生产关系，经济基础决定上层建筑；二是发现了现代资本主义生产方式和它所产生的资产阶级社会的特殊的运动规律，即"剩余价值理论"。不仅如此，恩格斯还指出："一生中能有这样两个发现，该是很够了。甚至只要能作出一个这样的发现，也已经是幸福的了。"这样的表达，表现了对马克思这位导师、革命家、科学巨匠丰富的思想、顽强的革命斗争精神的崇敬。在讲话中恩格斯还说，马克思揭示了历来为繁茂芜杂的意识形态所掩盖着的一个简单事实：人们首先必须吃、喝、住、穿，然后才能从事政治、科学、艺术、宗教等等。这样的表达，揭示了马克思也是一个人，而且是平常的人。他是具有深邃智慧的导师、革命家、科学巨匠，也是从平常人的生活、现实中走过来的，成长起来的。在成长过程中，也要经历困难，也要吸取经验和教训，也要逐步提高对事物的认知，从感性认识到理性认识。

我作为一位学者，最近学习了中国人民大学出版社出版的陈先达、靳辉明两位专家所著的《马克思早期思想研究》，我从中发现：早期的马克思是一位民主主义者，在反封建的过程中，受黑格尔哲学影响较深。

**请原谅我的直率：在这一著作中，我发现，马克思最早也是一名民主主义者；马克思早期也是有神论者，他从有神论者到无神论者有个转变过程：马克思一开始迷恋黑格尔哲学，特别是辩证法思想；后来从批判黑格尔到高于黑格尔，始于马克思学习和研究费尔巴哈的机械唯物主义；但后来，他又看到这样的学习和研究的局限性。**

马克思这位科学巨匠、大学问家对学问的研究，有个过程，首先是从神学转向哲学，之后又从哲学转向经济学，在对经济学的研究中又侧重于法学。在每一次的转向中，他都怀着喜悦的心情告诉身边的朋友，以及自己的哥哥和父亲。这表明这位伟大的学问家不仅把做学问当成终身的事业，而且当成崇高的理想。马克思从哲学转向经济学研究的大体过程如下文所述。

德意志民族是个哲学民族，富有哲学思维的传统。从康德到费尔巴哈，德国古典哲学的代表人物在人类思想史上占有重要地位。马克思是在德国开始自己的理论学习与研究的。但是，德国古典哲学大都停留在思辨哲学领域。正如马克思指出的，"德国的批判，直到它的最后的挣扎，都没有离开过哲学的基地"①。

对此，我们可以费尔巴哈为例求证。费尔巴哈的思想也有个转变过程，但他是从神学转向哲学，之后始终没有离开哲学这个圈子。他在海德堡大学时攻读的是神学，转入柏林大学后爱上了哲学。他在 1825 年的一封信中对他的哥哥说："只告诉你一件事：我已从神学转到哲学。哲学之外没有幸福！人只有在使自己满足的地方，才能满足别人，只有在他自信能有所成就的地方，才能有所成就。（对）哲学的嗜好保证了我的哲学才能。"② 他怀着同样激动的心情告诉他父亲："我放弃了神学……我的精神到底还是不能就范于圣地那蕞尔小国的褊狭疆界以内；我的心灵向往辽阔的大世界；我的又饥渴又好胜的灵魂想要吞下一切。我的欲求简直是无边无岸的：我要把大自然——那怯懦的神学家对它的幽邃

① 马克思，恩格斯. 马克思恩格斯全集：第三卷 ［M］. 北京：人民出版社，1960：21.

② 费尔巴哈. 费尔巴哈哲学著作选集：上卷 ［M］. 荣震华，李金山，译. 北京：商务印书馆，1984：223.

感到惊慌失措的大自然，我要把人，就是说把完整无缺的人——不是神学家、解剖学家或法学家而只是哲学家的对象的人——拥抱在我的怀里。——你应当和我一同高兴……因为我从神学家这一帮人中逃脱了出来，并且又交上了像亚里士多德、斯宾诺莎、康德、黑格尔这样有天才的朋友。——如果想使我再回到神学去，不啻于想抓住精神再放到它的已经死了的躯壳中去，使蝴蝶再回到蛹里去。"① 从神学转向唯物主义哲学，这是费尔巴哈的杰出成就；而停留在哲学范围，特别是停留在大自然和人上，又是他的局限。

马克思看到了当时许多思想家"停留在纯粹思想的世界的范围内"的局限，提出"须要跳出哲学的圈子并作为一个普通的人去研究现实"②。马克思自己也正是这样做的。**马克思继承了德国古典哲学的优秀遗产，但没有以此为限。他进一步从哲学转入经济学，这是马克思思想发展的重要一环。如果不迈出这决定性的一步，始终停留在纯哲学的范围内，就不能突破德国思辨哲学的传统，就不可能创立历史唯物主义，而马克思也只能作为思辨哲学家被载入史册，不可能成为马克思主义的创始人。**

① 费尔巴哈. 费尔巴哈哲学著作选集：上卷［M］. 荣震华，李金山，译. 北京：商务印书馆，1984：223-224.

② 马克思，恩格斯. 马克思恩格斯全集：第三卷［M］. 北京：人民出版社，1960：262.

马克思转向经济学研究，从 19 世纪的思潮和无产阶级面临的任务来看，是一种历史的必然。

马克思从 1844 年春开始研究经济学，虽然时间不长，但从《1844 年经济学哲学手稿》来看，马克思在创立无产阶级政治经济学方面，迈出了可喜的一步。

马克思开始研究政治经济学的重大意义，不仅是开辟了一个崭新的科学研究领域，而且进一步促进了已开始探讨的历史唯物主义的发展。

1843 年春天退出《莱茵报》编辑部以后，马克思开始了艰苦的研究工作。他在《黑格尔法哲学批判》中提出了关于市民社会决定国家和法的思想。但市民社会究竟是什么？马克思没有回答，也不可能回答。这个问题是不可能仅仅依靠哲学思辨来回答的。

1844 年，在巴黎，马克思通过对经济学的研究，通过分析资本主义的生产、分配、交换、消费，分析私有财产的运动，得出了一个新的结论："私有财产的运动——生产和消费——是以往全部生产的运动的感性表现，也就是说，是人的实现或现实。宗教、家庭、国家、法、道德、科学、艺术等等，都不过是生产的一些特殊的方式，并且受生产的普遍规律的支配。"[1]

---

① 马克思，恩格斯. 马克思恩格斯全集：第四十二卷 [M]. 北京：人民出版社，1979：121.

马克思的这一论断，使他在唯物主义历史观的形成上，跨出了一大步。

首先，这里（《1844 年经济学哲学手稿》）已经突破了"市民社会"这个旧有的一般范畴，并赋予它比较确切的物质层面的含义。黑格尔按照 18 世纪时英国人和法国人的先例，使用了"市民社会"这个范畴，他在《法哲学原理》中有专章论述市民社会。但在黑格尔那里，"市民社会"这个范畴并未被"净化"，而是比较庞杂的，他认为市民社会包括三个环节：第一，通过个人的劳动以及通过其他一切人的劳动与需要的满足，使需要得到中介，个人得到满足，即需要的体系；第二，通过司法对所有权的保护；第三，通过警察和同业公会来预防遗留在上述两个体系中的偶然性，并把特殊利益作为共同利益予以关怀①。马克思在《黑格尔法哲学批判》中，**沿用了黑格尔使用的"市民社会"这个范畴，把它作为与国家相对立的、决定国家的东西来使用，但没有对"市民社会"的根本内容进行科学分析。在这里（《1844 年经济学哲学手稿》），马克思突出了私有财产问题即所有制问题，触及市民社会范畴的最核心部分，从而赋予了市民社会以比较确定的物质内容。其次，**

---

① 黑格尔. 法哲学原理［M］. 范扬，张企泰，译. 北京：商务印书馆，1961：203.

马克思再次指出：私有财产是国家制度的基础。全部生产运动是这个基础的感性表现。这是马克思生产力决定生产关系光辉思想的萌芽。

**什么是历史的必然？**

（1）在马克思主义产生以前，当时的一些理论已经取得了很高的成就。例如，德国古典哲学中的辩证法和唯物论，英国古典经济学中的劳动价值论，19世纪三大空想社会主义者对于资本主义弊病的批判和对未来社会的设想，都闪烁着人类智慧的光芒。但是，它们都有一个特点，即主要局限在一定的专业范围内。这些思想家在自己的专业范围内是巨人，可是超出这一范围，就显得比较贫乏了。即使黑格尔对于英国古典经济学有很深的造诣，也没有改变他的哲学的唯心主义性质，他只把英国古典经济学用来作为自己观点的例证。这些先驱者没有也不可能形成哲学、经济学、社会主义学说的科学统一。

**（2）特别是从发展趋向来看，到19世纪40年代，这些思潮在经历了一个高峰之后，朝相反的方向转化。**德国古典哲学被青年黑格尔派的右翼带入极端主观唯心主义的死胡同，英国古典经济学退化为庸俗经济学，而三大空想社会主义学说被他们的信徒们变成折中的、不伦不类的社会主义，变成各种各样的宗派，变成兜售各种万灵药方的社会改良主义。

（3）而马克思登上历史舞台时，历史和阶级斗争提出的伟大任务，是要根本扭转思想领域中的上述趋势，把社会主义由空想变成科学。可是，把社会主义由空想变成科学，这是一个全面的、综合性的任务。如果哲学、政治经济学和社会主义学说处于彼此分割的状态，是不可能完成这个任务的。19 世纪三大空想社会主义的历史经验证明了这一点。它们的历史观是唯心主义的，而对资本主义生产方式又不能进行科学的经济分析，只是单一地否定它。社会主义要由空想变成科学，必须以辩证唯物主义和历史唯物主义世界观为指导，以对资本主义生产方式的经济解剖为基础。因此，作为无产阶级的理论形态的马克思主义，必须包括哲学、政治经济学、科学社会主义三个部分，并使它们成为统一的整体。马克思转向经济学的研究，正是适应了历史发展的需要。

**不仅时代要求这样。从马克思的个人经历来看，他在 1844 年转向经济学研究也不是偶然的。**

马克思最早是以一个哲学家的身份从事写作的。他的博士论文是一篇哲学论文；他的第一篇政论文章是关于出版法的，属于他的法律专业范围。可是，在 1842—1843 年马克思在担任《莱茵报》主编时，碰到了许多经济方面的问题。马克思深感自己缺乏经济知识，这是推动他研究经济问题的最初动因。

而且从思想发展上说，马克思在理论上也感到有研究政治经济学的必要。1843 年春，马克思退出《莱茵报》编辑部，在克罗茨纳赫写了《黑格尔法哲学批判》，探讨了市民社会同国家和法的关系。**马克思当时得出了一个结论，即法律关系如同国家形式一样决定于市民社会。马克思认为对市民社会的解剖应该求之于政治经济学，于是马克思在写了《黑格尔法哲学批判》之后便转向政治经济学研究。这是马克思思想深化的必然结果。**

此外，恩格斯对马克思转向政治经济学研究也起了一定的促进作用。**恩格斯研究经济学早于马克思。**从恩格斯 1844 年年初在《德法年鉴》上发表《政治经济学批判大纲》起，马克思开始同他通信。马克思对恩格斯的第一部经济学著作是非常赞赏的，它显然成为推动马克思研究经济学的一个诱因。列宁说过："马克思同恩格斯的交往，显然推动了马克思着手去研究政治经济学，即马克思后来以其著作在其中造成了整整一个革命的那门科学。"①

马克思是 1843 年 10 月底到达巴黎的，他开始筹办和出版《德法年鉴》。《德法年鉴》停刊后，大约是 1844 年 3 月，马克思钻研英、法两国一些卓越学者的著

---

① 列宁. 列宁全集：第二卷［M］. 北京：人民出版社，1959：8.

作，开始研究经济学。他阅读了斯密、李嘉图、萨伊、西斯蒙第、斯卡尔培克、穆勒、舒尔茨、麦克库洛赫等人的著作，并做了九本摘录笔记，这就是《巴黎笔记》。**特别值得注意的是，其中的《弗里德里希·恩格斯〈政治经济学批判大纲〉一文摘要》，表明了马克思赞同恩格斯的观点，马克思的观点同恩格斯具有一致性；《詹姆斯·穆勒〈政治经济学原理〉一书摘要》则是对马克思经济观点最早的较完整的阐述。**

**和恩格斯在《政治经济学批判大纲》中的看法相一致，马克思也把资产阶级政治经济学称作"致富的科学"。在马克思看来，整个资产阶级经济学建立在私有制的基础上，它把私有制假定为一种无须证明的前提，作为一种不必论证的事接受下来。**因此，资产阶级政治经济学从来不探讨私有制产生的原因及其合理性的问题，相反，它把私有制看成是不可侵犯的，竭力为私有制辩护。年轻的马克思对私有制问题的剖析入木三分，一下子就抓住了资产阶级经济学的根本性质和致命缺陷。**马克思非常注意研究私有财产即私有制的问题。**这是不难理解的，因为私有财产问题，无论从工人运动的角度来看，还是从社会主义理论的发展来看，当时都已成为中心问题。马克思自己在 1842 年和奥格斯堡《总汇报》的论战中，已经提出了一无所有的无产者要求占有中产阶级财产的合理性问题；后来在批判黑格尔法哲学时又研究了土地私有制和国家的关系问题。**马克思把研究私有制的起源和消灭的途径作为一个根本性的问题，表明马克思即将创立的经济学说具有阶级性和科学性。**

**和恩格斯一样，马克思这时对劳动价值论是持否定态度的。马克思刚刚开始研究经济学，还不知道劳动力和劳动的区别、价值和价格的区别，更不知道剩余价值的来源，认为劳动价值论是对资本主义制度的理想化。**马克思对劳动价值论的否定，不仅表明他刚刚开始从事经济学的研究，相关想法还不成熟，也表明马克思已模模糊糊地意识到资产阶级古典经济学关于**劳动价值论的矛盾**。《总汇报》的文章没有解释清楚地租和利润的来源，而且把**劳动**和**劳动者**分开，掩盖了资本主义制度下劳动的异化性质。因此，从这个意义上来说，马克思当时对劳动价值论的否定，**不是消极的否定，而是积极的探索**，是思想深化过程中寻求真理的一种表现。不到半年，马克思在《神圣家族》中承认了劳动价值论的思想。**几年后，马克思在《哲学的贫困》中开始创立自己的劳动价值理论，并发现了剩余价值的来源。**

马克思在巴黎研究政治经济学的重大成果，除了《巴黎笔记》外，集中在《1844 年经济学哲学手稿》中。这部手稿，可能是马克思曾经打算撰写的《政治和政治经济学批判》一书的草稿。在残存的手稿中，我们可以看到，马克思通过对资产阶级经济学的批判和资本主义生产方式的解剖，对一些重要经济问题进行了探讨。

**马克思研究了工资、利润、地租，通过分析资本主义社会财富分配的三种主要形式，揭示了工人、资本家、土地所有者三大阶级对立的经济根源。**

发现现代社会中存在阶级和阶级斗争，这并不是马克思的首创。在马克思以前，资产阶级经济学家就研究过工资、利润、地租问题，对各个阶级做过经济学上的分析。马克思吸收了他们研究中的一些合理因素，但又远远超过了他们。

亚当·斯密的工资理论中有许多宝贵思想，例如，他承认资本家和工人双方利益绝不一致，认为劳资双方在关于工资的斗争中，**资本家没有劳动者，要比劳动者没有资本家活得更为长久些，等等。**但马克思没有停留在这个水平上，而是从中看到了一个根本问题，即资本、地产、劳动三者的分离，并且指出，这种分离"对工人说来是致命的"①。

资产阶级经济学家从维护私有制出发，把这种分离看成是必需的。他们把无产者，即既无资本又无地产，

---

① 马克思，恩格斯. 马克思恩格斯全集：第四十二卷 [M]. 北京：人民出版社，1979：49.

仅仅依靠劳动为生的人只看作劳动者，因此，"国民经济学不考察不劳动时的工人，不把工人作为人来考察；它把这种考察交给刑事司法、医生、宗教、统计表、政治和乞丐管理人去做"①。雨果《悲惨世界》中主人公的遭遇，客观上就是对这种状况的艺术反映。

**马克思提出的"资本、地租和劳动三者的分离对工人说来是致命的"的论断，**不仅表明彻底转变后的马克思对工人处境的无限同情，**而且表明马克思看到了改善工人状况的途径，不能单纯着眼于分配，停留在争取提高工资的范围内，而是要消灭这种分离，即消灭资本和地产的私有制。**

笔者作为一位学者，在学习思考了马克思主义经济学研究的思维逻辑以后，产生了一些感想，现将这些感想概括于后：

（1）第一个使用"政治经济学"这个词的是法国经济学家安托万·德·蒙克莱田，他于1615年出版了《献给国王和王后的政治经济学》一书。

（2）什么是"政治经济学"？一般说来，"政治经济学"是以**历史的**生产关系或一定的**社会**生产关系为研究对象的经济学，**即将社会生产关系及其发展规律，及生**

---

① 马克思，恩格斯. 马克思恩格斯全集：第四十二卷 [M]. 北京：人民出版社，1979：56.

**产和再生产中人和人的关系作为自己研究对象的学科。**其中的"政治"（politics）一词，源于希腊文的 politikos，含有"社会的""国家的""城市的"等多种意思。其中的"经济"（economics）一词，最早使用这个词的是古希腊的色诺芬（约公元前 430—公元前 354 年）。他的著作《经济论》把家庭对生产活动的组织和管理称为"oikovouia"，意指家庭经济管理。

"政治经济学"的提法出现于 17 世纪初，源于希腊文中的"poniz"（原意为城邦、国家以及经济）与"经济学"组成的复合词。而法国重商主义者 A. 蒙克莱田在 1615 年出版的《献给国王和王后的政治经济学》一书中首先使用该词，目的是说他所论述的经济问题**已经超出了自然经济的范畴**。1775 年，卢梭为法国《百科全书》撰写了"政治经济学"条目，把政治经济学和家庭经济区分开来。

（3）马克思强调："政治经济学作为一门独立的科学，是在工场手工业时期才产生的，它只是从工场手工业分工的观点来**考察社会分工**，把社会分工看成是用同量劳动生产更多商品，从而使商品便宜和加速资本积累的手段。"

所以，政治经济学作为独立的学科门类，作为"一门科学"逐渐形成，它是解决实践问题的社会科学，并发展成为专门研究经济现象和经济过程的运动规律的历关于"政治经济学"的产生，在马克思的著作中值得关注的有三点：①政治经济学产生的经济基础是工场手工业的形成和发展，因为工场手工业的形成和发展推动了社会分工，提高了劳动生产率，增加了产品生产，加速了资本积累。②对于"市民社会"的形成，马克思揭示出市民社会的实质是"财产所有权"，私有财产是国家制度的基础，表明其核心是利益关系。③国家是"市民社会"的集中代表，国家制定法律，反映市民社会这一利益集团的诉求。

马克思把"政治经济学"称为"致富学"，亚当·斯密把"政治经济学"称为"国富论"。

17 世纪中叶以后，首先在英国，然后在法国，工场手工业逐渐发展成为工业生产的主要形式。**这必然要求从理论上说明生产、分配的规律。这就产生了以亚当·斯密和大卫·李嘉图为主要代表的古典经济学。古典经济学的兴起和发展，使政治经济学研究的重点开始转向生产领域和包括流通领域在内的社会再生产过程。**

古典经济学以亚当·斯密的《国富论》为代表，该著作主要强调自由竞争，主张市场有自动调节的功能，政府不应干扰资本的运营，政府的作用只是维护**自由竞争**的秩序。

18 世纪末到 19 世纪初，生产逐渐由工场手工业向

金融强国理论与实践

机器大工业过渡，劳资矛盾逐渐凸显。1825 年经济危机的爆发，使当时经济秩序的内在矛盾日益显露出来。**面对这种形势，资产阶级更加需要对现存经济秩序进行辩护。为适应这种需要，以萨伊等为代表的政治经济学诞生了。**

19 世纪上半叶，在大工业生产方式形成时期，产生了以西斯蒙第为代表的经济学流派。他们抨击了资本主义制度，揭露了资本主义社会的矛盾，但是他们不了解该矛盾产生的原因，只是站在维护小私有制的立场来反对私有制。**在其经济学产生的同时，也产生了英、法两国的空想社会主义。19 世纪 40 年代初，马克思和恩格斯在批判地继承古典经济学的基础上创立了马克思主义政治经济学。**

古典经济学有科学的地方，总体来说它研究了社会"生产关系的内部联系"。

从学说史考察，经济学的代表人物分成两派。一派是科学的实事求是的实践家，他们聚集在经济学自由主义的最深刻的因而也是最成功的代表巴斯夏的旗帜下。另一派是从事经济学学科研究的人，他们追随约翰·穆勒的辩证综合理论，维护社会稳定。穆勒始终是严谨的经济学学科研究者。

从广义上来看，政治经济学是研究生产、购买及出售，法律、社会习俗惯例，以及政府之间的关系的一门独立学科。**它起源于道德哲学，**主要受到 18 世纪政治、社会经济发展阶段的影响。

政治经济学作为经济学范式是与一般经济学、人类经济学相对的特殊经济学。

弗里德里希·恩格斯说："政治经济学，从最广的意义上说，是研究人类社会中支配**物质生活资料**的生产和交换的规律的科学。生产和交换是两种不同的职能。没有交换，生产也能进行；**没有生产，**交换——正因为它一开始就是产品的**交换——便不能发生。**这两种社会职能的每一种都处于多半是特殊的**外界作用的影响之下，**所以都有多半是各自的特殊的规律。但是另一方面，这两种职能在每一瞬间都互相制约，并且互相影响，以致它们可以叫作经济曲线的横坐标和纵坐标。"①

政治经济学是经济学科的总名称。"政治经济学"这个名称表明了经济学科产生的特殊轨迹。

卡尔·马克思强调："政治经济学不是工艺学。""生产也不只是特殊的生产，而始终是一定的社会体即社会的主体在或广或窄的由各生产部门组成的总体中活动着。科学的叙述对现实运动的关系，也还不是这里所

---

① 马克思，恩格斯. 马克思恩格斯选集：第三卷 ［M］. 北京：人民出版社，1995：489.

要说的。生产一般。特殊生产部门。生产的总体。"① 政治经济学（英语：political economy）是经济学科的总名称，广义地说，是研究一个社会生产、资本、流通、交换、分配和消费等经济活动、经济关系和经济规律的学科。

通过上文对马克思和恩格斯革命生涯的回顾，我们应能发现，马克思主义的思想和文化为我们建设金融强国提供了重要参考。而要准确地把握这一点，我们就必须切实认知马克思和恩格斯在其革命生涯中所发现的不以人的意志为转移的两个客观规律，即人类历史的发展规律和资产阶级社会的特殊的运动规律。

在遵循马克思主义的这"两个发现"时，我认为要着力把握住：人们从事政治、科学、艺术、宗教等方面的活动前，都必须首先满足吃、喝、住、穿的需求，所以首先要完成的是物质的生活资料的生产，**即人应当首先从事生活资料生产活动，然后才从事上层建筑方面的活动**。我们深知，商品生产和商品交换推动了人类社会发展，在这一过程中诞生了金融，金融又反过来为商品生产和商品交换活动服务。

金融可以简单地理解为货币资金的融通。习近平总

---

① 马克思，恩格斯. 马克思恩格斯选集：第二卷 [M]. 北京：人民出版社，2012：686.

书记指出：金融是现代经济的血液。血脉通，增长才有力。金融是国家重要的核心竞争力，金融安全是国家安全的重要组成部分，金融制度是经济社会发展中重要的基础性制度。2023 年 10 月，中央金融工作会议首次提出"加快建设金融强国"的目标，并指出建设金融强国必须立足"两个结合"，即"把马克思主义金融理论同当代中国具体实际相结合、同中华优秀传统文化相结合"。习近平总书记在省部级主要领导干部推动金融高质量发展专题研讨班开班式上指出："推动金融高质量发展、建设金融强国，要坚持法治和德治相结合，积极培育中国特色金融文化，做到：诚实守信，不逾越底线；以义取利，不唯利是图；稳健审慎，不急功近利；守正创新，不脱实向虚；依法合规，不胡作非为。"这为新时代新征程推动金融高质量发展、培育中国特色金融文化提供了根本遵循和行动指南，是习近平经济思想的重要组成部分。

此外，习近平总书记还提出：金融强国应具备强大的货币、强大的中央银行、强大的金融机构、强大的国际金融中心、强大的金融监管、强大的金融人才队伍。**在金融领域建设好这"六个强大"，就为金融强国奠定了牢固的经济基础**。为了推动金融强国建设，中央金融工作会议鲜明地提出，要做好"五篇大文章"，也就是

"做好科技金融、绿色金融、普惠金融、养老金融、数字金融五篇大文章"。这"五篇大文章"擘画出了现代金融体系的多维图，为金融强国建设指明了方向。**可见我国从金融大国发展为金融强国，绝对不是空谈，而是一个有目标、有方向、有质量发展、有推动力量、有保障的系统工程**。在金融领域，当中央金融工作会议提出"八个坚持"时，人们更是欢欣鼓舞。

所以这篇导论及第一章与金融强国的理论与实践的逻辑关系应当是：导论及第一章指出马克思发现了两个客观规律（人类历史的发展规律和资产阶级社会的特殊的运动规律）→人们必须遵循马克思发现的这两个客观规律办事→按这两个客观规律办事必须充分利用金融这一杠杆→利用这一杠杆为的是充分发展社会主义生产力→发展社会主义生产力是要让物质财富和精神财富极大地丰富起来→让物质财富、精神财富极大地丰富起来，为的是尽可能提高人民的生活水平→最终实现马克思发现的这两个客观规律的统一。在我看来，这也就是实现使人类得到解放的目标。这应当是客观规律，不以人的意志为转移的客观规律。揭示出这一点，也就实现了这篇导论及第一章与本书主题的统一。

**参考文献：**

[1] 列宁.列宁选集：第一卷 [M].北京：人民出版社，1972.

[2] 马克思，恩格斯.马克思恩格斯全集：第十九卷 [M].北京：人民出版社，1963.

[3] 马克思，恩格斯.马克思恩格斯全集：第三卷 [M].北京：人民出版社，1960.

[4] 费尔巴哈.费尔巴哈哲学著作选集：上卷 [M].荣震华，李金山，译.北京：商务印书馆，1984.

[5] 马克思，恩格斯.马克思恩格斯全集：第四十二卷 [M].北京：人民出版社，1979.

[6] 黑格尔.法哲学原理 [M].范扬，张企泰，译.北京：商务印书馆，1961.

[7] 列宁.列宁全集：第二卷 [M].北京：人民出版社，1959.

[8] 马克思，恩格斯.马克思恩格斯选集：第三卷 [M].北京：人民出版社，1995.

[9] 马克思，恩格斯.马克思恩格斯选集：第二卷 [M].北京：人民出版社，2012.

[10] 百度百科.在马克思墓前的讲话 [EB/OL].（2007-12-01）[2024-10-19].https://baike.baidu.com/item/%E5%9C%A8%E9%A9%AC%E5%85%8B%E6%

80% 9D% E5% A2% 93% E5% 89% 8D% E7% 9A% 84% E8% AE% B2% E8% AF% 9D/9593071？fr＝ge_ala.

　　[11] 周荣春.马克思的贫困观及其当代价值 [D].上海：上海财经大学，2021.

　　[12] 方兴起.千年第一思想家的马克思 [J].华南师范大学学报 (社会科学版)，2018 (6)：35-42，189.

　　[13] 李成勋.《资本论》给了我们什么？[J].当代经济研究，2018 (9)：5-12，97.

　　[14] 李建德.马克思主义经济学的本质规定不能是劳动价值论 [J].经济纵横，2010 (9)：13-18.

　　[15] 许卓云.人类理性与制度选择：基于马克思经济学的分析视角 [J].南方经济，2009 (3)：73-82.

　　[16] 罗仕清.马克思经济学的哲学本质 [J].贵州财经学院学报，2008 (2)：99-102.

　　[17] 程言君.人类解放求索中经济思想旅程的辉煌结晶：评程恩富主编《马克思主义经济思想史 (五卷本) 》[J].经济思想史评论，2007 (1)：273-287.

　　[18] 百度百科.政治经济学 [EB/OL]. (2006-05-10) [2024-10-19]. https://baike.baidu.com/item/%E6% 94% BF% E6% B2% BB% E7% BB% 8F% E6% B5% 8E% E5% AD% A6/1467.

　　[19] 邱海平.如何理解中国特色社会主义政治经济学 [N].大众日报，2016-01-06 (9).

［20］郑忆石.列宁对英国古典政治经济学的辨析［J］.贵州省党校学报，2020（3）：5-13.

［21］任保平.理解新时代的中国特色社会主义政治经济学［J］.西北大学学报（哲学社会科学版），2018，48（3）：5-13.

［22］徐春华，吴易风.马克思经济学与西方经济学"加速原理"比较研究［J］.当代经济研究，2015（8）：37-44.

［23］陈童.论马克思《1844年经济学哲学手稿》的市场经济观［D］.长春：东北师范大学，2008.

［24］杨卫，杨承训.社会主义与市场经济结合的再认识［J］.中共天津市委党校学报，2006（3）：70-77.

# 第一章　马克思的一生中有两个伟大发现

在马克思逝世一周年后，恩格斯在马克思墓前庄严地提出：在马克思的一生中，有两个伟大的发现，一是唯物史观，二是剩余价值学说。前者揭示了人类社会存在和发展的规律是生产力决定生产关系，经济基础决定上层建筑，社会在发现和克服基本矛盾中不断前进；后者揭示了工人阶级与资产阶级的矛盾。在资本主义社会中，资产阶级剥削雇佣工人的剩余价值，剩余价值规律是资本主义社会的基本规律。要揭示并消灭这一规律，就要揭示其中的矛盾，实行无产阶级专政。马克思在这一方面作出了伟大的贡献。在作出这一贡献之前，马克思经过了深入的思考和不懈的斗争。

## 一、马克思早期思想的发展

马克思早期思想的发展过程，是从黑格尔开始的，经过费尔巴哈，最后才"成为马克思"。这也就是通常所说的马克思的思想形成过程。它在整个马克思主义发展史中，占有十分重要的地位，并从 19 世纪末开始，成为一个专门的研究领域。它之所以不同于马克思思想发展的其他阶段，就因为它是一个逐渐形成的过程，是一个从不存在到存在、从不成熟到成熟的发展过程。

自从列宁和普列汉诺夫开拓这个研究领域以来，这个领域就吸引了很多人，特别是在最近 30 年，人们对这个问题的研究兴趣与日俱增。在西方，甚至出现了"青年马克思热"。许多人以极大的兴趣，探索其中的奥秘，追溯人类认识史上这场最伟大的变革。然而，这一研究又是如此的与众不同，以至于在同一问题上，往往存在着截然相反的结论。这就不能不引起人们的关注和深思，人们也不能不看到这个问题的理论价值和现实意义。

对于马克思主义者来说，研究马克思思想的形成过程，是一个非常重要的课题。

首先，对这段历史的研究，可以再现马克思主义形成的真实过程，揭示马克思主义创始人是如何实现人类认识史上这一空前伟大革命的，从而提高人们对马克思主义科学性的认识，坚定共产主义的信念。马克思主义不是从天上掉下来的，也不是凭空臆想出来的，它是马克思同其亲密战友恩格斯，从无产阶级立场出发，总结工人运动的实践经验，批判地继承当时人类所创造出来的全部优秀思想遗产，通过深入的理论研究而创立的。它是历史和现实、理论和实践、革命和科学以及马克思的天赋条件和艰苦创作高度结合的产物。列宁指出："马克思的全部天才正在于他回答了人类先进思想已经提出的种种问题。"① 马克思的学说，是从人类全部知识总和和 19 世纪 40 年代的现实生活中生长出来的，是普遍的科学真理。因此，一百多年来，马克思的学说尽管遭到一些人愈来愈激烈的攻击和千方百计的曲解，但并没有被推翻，而且随着人们的实践活动和认识的深化，它不断地得到证实、丰富和发展。

其次，通过对马克思思想形成过程的研究，人们可以加深理解马克思主义理论体系的完整性。马克思主义的每个组成部分，乃至它的每个基本原理，都不是单独发生或起作用，而是在实践基础上相互制约、相互作用的。所以，研究马克思主义形成史是训练我们辩证思维的极好的方式，有助于我们从逻辑和历史、从理论和实践、从马克思主义诸组成部分的统一中去把握它的每一基本原理，从而完整准确地掌握马克思主义。第二国际的理论家如考茨基等人，背弃马克思主义的重要原因之一，就在于他们忽视对马克思早期哲学形成过程的研究，不懂得马克思主义是由三个部分组成的完整的科学

---

① 列宁. 列宁选集：第二卷 [M]. 北京：人民出版社，1972：441.

世界观和思想体系，认为马克思主义主要是经济理论和社会学说，没有自己的哲学基础①，所以，他们企图以新康德主义来补充马克思主义。考茨基在《致普列汉诺夫》中声称，马克思和恩格斯的经济的、历史的观点在极其特定的情况下，同新康德主义是可以并行不悖的。列宁正是总结了第二国际理论家背叛马克思主义的历史教训，特别强调马克思主义是三个部分组成的完整的统一体。而要真正了解这一点，不仅要懂得考茨基所熟悉的 1848 年以后马克思的政治学说和经济学说的发展，而且必须深入研究考茨基一无所知的 19 世纪 40 年代马克思主义哲学的形成。列宁是对马克思主义理论体系全面研究和科学理解的光辉典范。

最后，研究马克思早期思想发展过程，不仅有重要的理论意义，而且有迫切的现实意义。批判资产阶级通过伪造"青年马克思"来否定成熟的马克思主义，是我们今天研究马克思早期思想的一个重要任务。

毛泽东同志正确地指出，马克思主义是在斗争中发展起来的，"不但过去是这样，现在是这样，将来也必然还是这样"②。只要社会还存在阶级，这种斗争就会继

① 例如，考茨基 1909 年曾在德文杂志《斗争》上发文称："我没有把马克思主义看成是哲学学说，而是把它看成是一种经验的科学、一种特别的社会见解。"

② 毛泽东. 关于正确处理人民内部矛盾的问题 [M]. 北京：人民出版社，1975：38.

续下去，只是不同时代具有不同的形式罢了。用"青年马克思"来重新"解释"马克思主义，就是 20 世纪中叶资产阶级反对马克思主义的一种新的策略。

青年马克思无非指思想体系正在形成中的马克思，即处在由思想不成熟到思想成熟过程中的马克思。然而，资产阶级提出所谓的"青年马克思"问题，是在马克思早期思想研究的一些难点上蓄意制造混乱和进行歪曲，企图利用"青年马克思"把马克思主义人道主义化。这一意图，从 20 世纪头 30 年开始萌发；第二次世界大战后和 20 世纪五六十年代风行于西方，并在近 20 年内越出西方，成为具有广泛渗透力的国际思潮。

这股思潮的产生，有其深刻的社会政治原因。正像列宁早已指出的那样，"马克思主义在理论上的胜利，逼得它的敌人装扮成马克思主义者，历史的辩证法就是如此"①。这一科学论断，同样适用于现代资产阶级的"马克思学"。马克思主义在 20 世纪取得了空前的进展，十月革命和我国社会主义革命的伟大胜利，无可辩驳地证明了马克思主义的强大生命力。马克思主义愈来愈深入人心，对社会生活的影响愈来愈强，而资产阶级意识形态则日益陷入混乱和危机。资产阶级学者把马克思主义在社会生活各个方面的强烈影响视为"永恒的"威

---

① 列宁. 列宁选集：第二卷 [M]. 北京：人民出版社，1972：439.

胁，认为通过批判的反击可以预防马克思主义可能的扩张，麦·朗格在《马克思主义、列宁主义、斯大林主义》中声称，这种办法比完全保持缄默更为有效。于是，他们叫嚣要争取让青年马克思成为一个同盟者，用它来重新"解释"马克思主义。他们甚至为自己的哲学提出一个纲领性任务，即把马克思主义解释得能为一切人所接受。这当然是欺人之谈。在阶级存在的条件下，不可能有什么超阶级的社会科学，因而更不可能有一切人都能接受的马克思主义。因此，"回到青年马克思去"的口号，清楚地表明资产阶级意识形态所遇到的深刻危机，反映出他们为了摆脱这种危机，妄图通过"解释"（实则是篡改）马克思主义，使其符合资产阶级的政治需要。然而，这一口号，正像他们曾经提出的"回到康德去"（19 世纪末）和"回到黑格尔去"（20 世纪初）一样，是注定要破产的。

自马克思主义诞生以来，机会主义者便不断"曲解"和"修正"马克思主义，他们始终是攻击马克思主义的资产阶级的思想上的同盟，两者彼此呼应。就其理论观点而言，资产阶级"解释"马克思主义思潮的产生，同第二国际理论家长期以来不能完整地、科学地理解马克思主义学说不无关系。这些理论家观点的错误，不仅直接影响到后来对马克思主义的研究，而且实际上孕育了从另一极端歪曲马克思主义的思想因素，为各种资产阶级哲学派别用自己的观点"补充"马克思主义打开了方便之门。

尤其值得注意的是，德国右翼社会民主党人的观点对资产阶级的"青年马克思"问题的产生起了推波助澜的作用。恩格斯逝世后，马克思一篇重要的早期作品《1844 年经济学哲学手稿》落入伯恩施坦等人之手。这部作品被他们长期隐藏，束之高阁，直到 20 世纪 30 年代初才公之于世。它的德文版的最初出版者朗兹胡特和迈尔在他们所作的"导言"中公然提出，要根据这个手稿中的观点对马克思主义做"新的"解释，认为马克思的这部著作是"新的福音书"，是"真正的马克思主义启示录"，是"马克思的中心著作"，胡说什么这篇作品势必会改变关于马克思主义的"标准概念"，对论证"新的马克思主义观点"具有"决定性意义"。他们特别称颂该手稿的所谓"中心"思想，是马克思把"人的本质的全面实现和发展"作为"历史的真正目的"，等等①。他们所理解的"真正的马克思主义"，其实质也正在于此。所以，他们扬言"发现"了两个马克思：一个是早期的"人道主义者马克思"，一个是晚期的"唯物主义者马克思"。例如，J. 德曼在《新发现的马克

---

① 巴日特诺夫. 哲学中革命变革的起源 [M]. 刘丕坤，译. 北京：中国社会科学出版社，1981：2-3.

思》一文中，把《1844 年经济学哲学手稿》硬说成是马克思成就的顶点，而污蔑马克思的晚期著作反映出马克思创作能力的"衰退和减弱"。这实际上是用早期的马克思否定晚期的马克思，开创了以"马克思"的名义反对马克思主义的恶劣先例。

德国右翼社会民主党人对马克思的"新发现"，对日益陷入深刻危机的资产阶级哲学，无疑是一个新的"启示"，使资产阶级哲学家已经开始的对马克思做"新的"解释的尝试，变成有计划、有目的的行动。20世纪 50 年代在西方出现的"研究"马克思的热潮，正是 20 世纪 30 年代对马克思"新发现"的直接继续。这时，资产阶级哲学流派，尤其是新黑格尔主义和存在主义对马克思的"解释"，不过是德国社会民主党人理论观点的彻底发挥而已。就其基本倾向而论，他们的理论有这样三个主要特点：

第一，歪曲青年马克思和老年马克思的关系。他们先是将青年马克思和老年马克思对立起来，认为老年马克思是"对青年时代理想的背叛"，谴责马克思背离了他原来的人道主义信念而成为"经济学家"。按照这种观点，似乎青年马克思"作了解决人的存在问题的极大尝试"①，之后马克思放弃了这一难以胜任的任务，而把

---

① 陈先达. 马克思和马克思主义［M］. 北京：中国人民大学出版社，2006：174.

它局限于经济问题。所以，他们把作为"早期著作"作者的马克思同作为《资本论》作者的马克思对立起来，在两者之间划了一道鸿沟。其实，马克思的成功之处正在于他理解到"解决人的存在问题"的基础在于经济现实，因而放弃了思辨哲学，而着手对自己的观点进行科学论证。也有人反对把青年马克思和老年马克思对立起来，强调这两者的一致性，但是最终统一于青年马克思，如拉宾在《青年马克思》中仅仅把《资本论》看作《1844年经济学哲学手稿》观点的"系统阐述"。前者是割裂青年马克思和成熟马克思的关系的刻板的形而上学，后者是抹杀这两个不同阶段的质的区别，否认马克思的思想发展有任何重大转折的庸俗进化论。这两种观点是相反相成的，它们都推崇青年马克思，企图用青年马克思的思想取代成熟的马克思主义。

第二，把整个马克思主义都归结于黑格尔哲学。与从前只把马克思主义作为一种经济学说相反，当时有人又把它看成是一种纯粹的哲学问题。皮·比果在《马克思主义与人道主义》一书中甚至把马克思的《资本论》看作黑格尔哲学的"特殊解释"。如果资产阶级思想家以前主要局限于歪曲马克思辩证法与黑格尔辩证法的关系，将前者说成是由后者"借用"来的，那么后来西方"马克思学者"不仅认为马克思的辩证法源于黑格尔哲学，而且认为马克思的历史观和共产主义学说，都是黑格尔哲学的扩展而已。新托马斯主义者拉·皮尔在《共产主义哲学》一书中竟然宣称，关于世界的共产主义学说完全建立在黑格尔的理论基础之上。由此可见，这种彻底发挥了的"理论"，不过是对马克思主义的彻底歪曲罢了。正像他们过去用否定马克思主义的哲学基础来否定马克思主义一样，当时他们片面突出哲学问题，同样是为了否定马克思主义的完整学说。

第三，不仅把马克思主义归结为一般哲学问题，而且仅仅归结为异化问题。这是现在西方流行的一种最时髦的理论。这种理论的奠基者是法国著名资产阶级教授让·伊波利特。他在《马克思和黑格尔研究》一书中说："全部马克思主义的基本思想及其来源是从黑格尔和费尔巴哈那里接受过来的异化思想。我认为，从这一思想出发，并把人的解放看作人在历史过程中为了反对他的本质的任何异化（不论异化采取何种形式）而积极进行斗争，这就能更好地解释整个马克思主义哲学和理解马克思的主要著作《资本论》的结构。"① 这就是说，在他看来，青年马克思与老年马克思不是对立的，而是统一的，这种统一性就在于马克思始终坚持了异化的观点。青年马克思从德国古典哲学那里接受过来的异化思想，是贯穿全部马克思主义的"核心"思想，马克思主

---

① 靳辉明. 靳辉明文集［M］. 上海：上海辞书出版社，2005：21.

义的一切原理和结论，都是由此而派生出来的。这样一来，马克思主义便根本不是什么实践经验的总结，而是异化概念的纯逻辑推演。

由新黑格尔主义"同化"存在主义而产生的新黑格尔派存在主义，对马克思思想进行伪造的主要特点，是将异化纳入人本学的范畴，即把异化概念和"人"的概念一起作为马克思学说的根本内容。在他们看来，马克思继费尔巴哈的宗教的人本学之后，又把异化概念用于人类社会，说明人的历史发展，从而建立了社会的人本学，或称"人本学的历史观"。基于这种历史观，E. 弗洛姆在《马克思关于人的概念》中说，"人类历史就是人不断发展的同时又不断异化的历史"①。因此，整个马克思主义都被他们看成关于人的本质的"自我异化"和"复归"的学说。在他们看来，马克思的目标，似乎也只是说明异化的产生和扬弃，只在于"使人的完整的人格得到恢复"和"使个人主义得到充分的体现"②。马克思是"异化"理论家，这就是资产阶级学者对马克思身份的赤裸裸的伪造。

不难看出，资产阶级思想家的攻击矛头，是直接指

①　欧力同，张伟. 法兰克福学派研究［M］. 重庆：重庆出版社，1990：218.

②　张之沧. 西方马克思主义伦理思想研究［M］. 南京：南京师范大学出版社，2008：91.

向马克思的历史唯物主义的。因为，正如列宁所说的，"马克思的历史唯物主义是科学思想中的最大成果"①。它不仅把历史唯心主义从其最后的避难所——社会历史领域驱逐了出去，从而产生了真正的社会科学，而且为整个马克思主义的诞生奠定了理论基石。唯物史观形成的一个重要特点，正在于用一种严整的科学的历史观，即关于人类社会结构和发展规律的理论和学说，代替了黑格尔和费尔巴哈用"异化"理论对历史现象的解释。异化和人的问题是可以研究的，但是只有根据历史唯物主义原则，才能对有关人的问题和异化问题给予科学的说明。把人类历史变成人的"自我异化"的历史，用人的本质来解释一切社会现象，企图用"人本学的历史观"来代替马克思主义的唯物史观，是根本不能成立的。

事实表明，在目前关于马克思主义的争论中，马克思早期思想特别是哲学思想问题占有突出地位。因此，我们必须重视马克思主义史的研究，尤其是对青年马克思同黑格尔和费尔巴哈的关系以及诸如异化和人道主义的概念和演变，做具体而深入的探讨，科学地阐明青年马克思的思想发展道路，并批判资产阶级对"青年马克思"的伪造。这无疑具有重要的理论意义和现实意义。

---

① 列宁. 列宁选集：第二卷 [M]. 北京：人民出版社，1972：311.

无产阶级伟大导师马克思，长眠于海格特墓地已经一百多年了。在举世缅怀这位思想巨匠的时刻，我们首先想到的是恩格斯的《在马克思墓前的讲话》。他庄严地指出，在马克思一生中有两个伟大发现：基于唯物史观的创立"发现了人类历史的发展规律"，由于剩余价值的揭示，"发现了现代资本主义生产方式和它所产生的资产阶级社会的特殊的运动规律"①。这两个发现，把人类思想提高到一个崭新的阶段，它使社会主义由"空想"变成"科学"，使工人运动从"自在阶段"上升到"自为阶段"。正像恩格斯所说，"我们之所以有今天的一切，都应当归功于他；现代运动当前所取得的一切成就，都应归功于他的理论活动和实践活动"②。过去的实践证明了这一真理，现在的实践正进一步证明着这个伟大真理。对于马克思这样一位伟大的革命家和理论家，最好的纪念，莫过于继承他所开创的事业，坚持和捍卫马克思主义，并结合当代的实践使它得到丰富和发展。

我们可以进一步说：马克思一生有很多成就，其中最伟大的成就是唯物史观和剩余价值学说。唯物史观以人类社会为研究对象，揭示了一切重要的历史事件的终

---

① 马克思，恩格斯. 马克思恩格斯选集：第三卷［M］. 北京：人民出版社，2012：1002.

② 马克思，恩格斯. 马克思恩格斯选集：第四卷［M］. 北京：人民出版社，2012：558.

极原因和动力，是社会经济的发展，是生产方式和交换方式的改变，是社会不同阶级相互博弈的结果。它揭示了社会基本矛盾运动是社会发展的基本动力，为人们提供了正确认识社会现象的社会历史发展规律的思想路线。

剩余价值学说揭示了资本主义生产的实质是剩余价值的生产，即资本家通过占有雇佣工人的剩余价值而获取利润。剩余价值规律是资本主义的基本经济规律，它决定着资本主义生产的实质、高涨和危机以及发展和灭亡的过程。这一理论揭示了资产阶级剥削工人阶级的奥秘和资产阶级的剥削本性。

对一个让人苦恼的问题的思索，一个人的思想发展，正如生活经历一样，是充满曲折、充满矛盾的。

特别是像马克思这样伟大的思想家，当处在思想急剧转变的青年时期，为了解决矛盾，他殚精竭虑，不停地探索、思考。

1843 年 3 月，马克思不是作为一个被反动专制制度击败了的弱者，而是为了寻找有利的战场而离开了《莱茵报》。他抗议令人窒息的书报检查制度，讨厌在书报检查制度下的"小手小脚而不是大刀阔斧的做法"，不满意《莱茵报》的股东们对普鲁士政府的"曲意奉承、委屈求全、忍气吞声、谨小慎微"①。他回到了克罗茨纳

----

① 马克思，恩格斯. 马克思恩格斯全集：第二十七卷［M］. 北京：人民出版社，1964：440.

赫。形式上，他从沸腾的报馆退回到平静的书斋；实际上，他在另一个阵地上，即用科学的世界观回答现实问题的领域，发起了新的进攻。马克思在克罗茨纳赫的时间不长，只有半年，但这段时光在马克思的思想发展史上极其重要。它是马克思消化、总结《莱茵报》经验的时期，是《莱茵报》时期合乎逻辑的、必然的发展。马克思在这段时光中做了深入思考和不懈的斗争，从摆事实、讲道理开始，特别是批判了黑格尔的一系列错误的唯心主义思想。

**（1）国家的作用贯穿经济、政治、思想各个领域。普鲁士这个国家是富人的工具，考虑的是富人的利益，而不是国家理性和国家伦理。**

马克思在《莱茵报》工作时，碰到了许多重大的经济问题和政治问题。而其中最关键的是国家问题。书报检查牵涉到国家问题，"书报检查就是官方的批评"，"书报检查的标准就是批评的标准"①；出版自由问题也牵涉到国家问题，是国家对待出版的态度；林木盗窃法也涉及国家问题，是国家为谁服务的问题。总而言之，国家的作用贯穿经济、政治、思想各个领域，凡属比较重大的问题，几乎无不同国家的作用有关。马克思原来

① 马克思，恩格斯. 马克思恩格斯全集：第一卷［M］. 北京：人民出版社，1956：3.

对国家的看法基本上采用了黑格尔的唯心主义观点，把国家看成是理性的实现。可是，马克思在《莱茵报》接触到的大量事实，例如普鲁士专制制度下的书报检查令，反对出版自由，维护林木所有者的利益，等等，表明普鲁士这个国家是富人的工具，它"解决每一个实际任务"，考虑的只是富人的利益，而不是什么"国家理性和国家伦理"①。究竟应该相信什么？是相信黑格尔关于国家是理性的实现的论断，还是相信活生生的事实？正是黑格尔的国家观同现实的冲突，使马克思对自己原来信奉的黑格尔哲学，特别是黑格尔关于国家的学说产生了怀疑。于是马克思开始了新的探索。

马克思在《莱茵报》上发表的文章中，有些地方已突破黑格尔的国家观念，特别是《摩泽尔记者的辩护》一文，提出了决定国家本质的各种关系的客观性问题，反对用当事人即掌权者的意志来解释一切。但是这种具有客观性的关系究竟是什么，马克思当时并没有回答。《黑格尔法哲学批判》这部著作，是对《莱茵报》时期遇到的实际和理论问题进行回答的第一次尝试。正如马克思自己说的，"为了解决使我苦恼的疑问，我写的第

① 马克思，恩格斯. 马克思恩格斯全集：第一卷［M］. 北京：人民出版社，1956：180.

一部著作是对黑格尔法哲学的批判性的分析"①。

马克思在克罗茨纳赫写的这部著作，同他1842年3月打算为《德意志年鉴》写的批判黑格尔关于国家制度的自然法的文章不同。这中间经历了《莱茵报》时期。在《莱茵报》时期之前拟写的那篇文章中，马克思对国家的看法，基本上是黑格尔的唯心主义国家观。当时马克思与黑格尔的矛盾，与其说是在理论观点方面，不如说是在政治方面，黑格尔鼓吹君主立宪制，而马克思则反对君主立宪制。到了马克思在克罗茨纳赫的时期，情况已经不同了。马克思通过在《莱茵报》的斗争，发现了黑格尔的国家观同现实的矛盾，因而这种分歧，从政治方面深入理论方面。马克思通过对黑格尔法哲学的批判，批判黑格尔保守的政治观点，更重要的是把黑格尔的唯心主义国家观倒转过来。

马克思对普鲁士政府的敌对情绪，由于《莱茵报》被查封而更加强烈。马克思刚到克罗茨纳赫，马克思父亲的朋友、高等法院枢密顾问埃塞尔，便从柏林转来政府的建议，邀请马克思为政府报纸《普鲁士国家报》撰稿，并希望他在国家机关任职，遭到他断然拒绝。马克思抓紧时间，深入研究，潜心著述。

① 马克思，恩格斯. 马克思恩格斯选集：第二卷［M］. 北京：人民出版社，1995：2.

马克思通过在《莱茵报》任职期间的经历，已经意识到黑格尔的国家观是不正确的。可是要真正解决这个问题，批判黑格尔的国家观，就要研究和分析具体的历史材料，认真研究社会发展的历史。马克思在着手批判黑格尔法哲学的过程中，大量阅读了有关英国、法国、德国、美国、意大利、瑞典、波兰历史的著作，特别是有关法国资产阶级革命史的著作，如路德维希的《五十年代史》、瓦克斯穆特的《革命时代的法国史》、兰克的《德国史》、哈密顿的《北美洲》、施米特的《法国史》、林加尔特的《英国史》、盖尔的《瑞典史》等。马克思还研究了早期资产阶级作家和法国启蒙主义者的政治理论著作，如卢梭的《社会契约论》、马基雅维利的《论国家》、孟德斯鸠的《论法的精神》。马克思按照他在大学就养成的做读书笔记的习惯，对读过的书作了著作摘要。这些克罗茨纳赫笔记，虽然基本上是原著摘录，但它显示了青年马克思的思想倾向：一方面，注意研究历史，重视历史经验的总结；另一方面，不是追求历史的细节，而是着重对历史逻辑的把握，摘录广泛涉及王权和代议制问题、所有制和政治制度的关系问题、法国资产阶级的 1791 年宪法同《人权和公民权宣言》以及封建社会解体以来的阶级斗争史等重要问题。完全可以说，克罗茨纳赫笔记是马克思对黑格尔法哲学进行批判的思想准备和成果。

## （2）市民社会决定国家，应当在市民社会中去寻找物质利益的问题。

贯穿马克思对黑格尔法哲学批判的根本思想，是关于市民社会决定国家的观念。马克思曾总结过自己这个时期思想的发展，他说，"我的研究得出这样一个结果：法的关系正像国家的形式一样，既不能从它们本身来理解，也不能从所谓人类精神的一般发展来理解，相反，它们根源于物质的生活关系，这种物质的生活关系的总和，黑格尔按照 18 世纪的英国人和法国人的先例，概括为'市民社会'"①。

恩格斯对马克思这一时期的思想，也做了概括性的阐述。他说："对莱茵省议会辩论的批评，迫使马克思着手研究有关物质利益的问题，在这方面他获得了一些无论法学或哲学都不曾提供的新观点。马克思从黑格尔的法哲学出发，得出这样一种见解：要获得理解人类历史发展过程的锁钥，不应当到被黑格尔描绘成'大厦之顶'的国家中去寻找，而应当到黑格尔所那样蔑视的'市民社会'中去寻找。"②

在《黑格尔法哲学批判》手稿中，马克思首先批判

---

① 马克思，恩格斯. 马克思恩格斯选集：第二卷 [M]. 北京：人民出版社，1995：2.

② 马克思，恩格斯. 马克思恩格斯全集：第十六卷 [M]. 北京：人民出版社，1964：409.

的是黑格尔在国家与市民社会的关系问题上的唯心主义观点。全部手稿的中心问题是国家问题，而关于市民社会同国家的关系，又是全部国家问题中最根本的问题。

黑格尔是个客观唯心主义者。作为他全部政治学说核心的国家观，也有着客观唯心主义的特征。黑格尔认为，家庭、市民社会、国家是伦理观念发展的三个阶段，像其他一切事物的发展一样，也是一个正、反、合的过程。他一方面说，家庭和市民社会先于国家，国家是前两者的综合；另一方面又认为这只是现象，是这三者之间的经验关系，而三者真正的本质关系是，市民社会和家庭本身并没有独立性，它们属于国家的概念领域，是国家的有限性领域。家庭和市民社会是从属国家的，它们的存在是以国家的存在为转移的。国家的意志和法律对家庭和市民社会的意志和法规来说是一种必然性，当它们发生矛盾时，家庭和市民社会必须服从国家的利益和法律。在黑格尔看来，由私人利益占统治地位的家庭和市民社会，向构成普遍利益的国家的转变，是基于绝对观念的发展。这样一来，黑格尔所说的私人利益体系（家庭和市民社会）和普遍利益体系（国家）的关系完全是颠倒的：不是市民社会决定国家，而是国家决定市民社会。

马克思把黑格尔这种头足倒立的观点称为"逻辑的

泛神论的神秘主义"①，并且说，黑格尔的这种看法，"集法哲学和黑格尔全部哲学的神秘主义之大成"②。

马克思吸收了黑格尔对市民社会的某些分析，看到正像市民社会脱离了政治社会那样，市民社会在自己内部也分裂为不同等级，不同等级的人有着不同的社会地位。他还指出，市民社会等级的特点是，被剥夺了一切财产的人和直接劳动即具体劳动的等级，与其说是市民社会中的一个等级，还不如说是市民社会各集团赖以安身和活动的基础。但是马克思在市民社会和家庭的关系问题上的看法，同黑格尔完全相反。他指出，在黑格尔那里，"理念变成了独立的主体，而家庭和市民社会对国家的现实关系变成了理念所具有的想像（象）的内部活动。实际上，家庭和市民社会是国家的前提，它们才是真正的活动者；而思辨的思维却把这一切头足倒置"③。他还说："家庭和市民社会本身把自己变成国家。它们才是原动力。可是在黑格尔看来却刚好相反，它们是由现实的理念产生的。"④

① 马克思，恩格斯. 马克思恩格斯全集：第一卷［M］. 北京：人民出版社，1956：250.

② 马克思，恩格斯. 马克思恩格斯全集：第一卷［M］. 北京：人民出版社，1956：253.

③ 马克思，恩格斯. 马克思恩格斯全集：第一卷［M］. 北京：人民出版社，1956：250-251.

④ 马克思，恩格斯. 马克思恩格斯全集：第一卷［M］. 北京：人民出版社，1956：251.

马克思还明确指出，市民社会是国家的基础，是产生国家的东西。"政治国家没有家庭的天然基础和市民社会的人为基础就不可能存在。它们是国家的 conditio sine qua non（必要条件）。但是在黑格尔那里条件变成了被制约的东西，规定其他东西的东西变成了被规定的东西，产生其他东西的东西变成了它的产品的产品。"①

综上可知，在对国家问题的认识上，马克思比在《莱茵报》时期有了重大的突破。在《莱茵报》时期，马克思还不反对黑格尔关于国家是理念的实现的唯心主义观点；而在这时，在市民社会和国家的关系问题上，学生和老师的观点已经针锋相对了。

值得注意的是，马克思不仅批判了黑格尔唯心主义的国家观，而且揭露了黑格尔方法论的问题，指出黑格尔对国家的论证，使用的是他在逻辑学和自然哲学中普遍运用的唯心主义方法，即概念、范畴的纯逻辑推演。马克思在叙述了黑格尔唯心主义国家观之后说："这正是黑格尔在逻辑中所玩弄的那种从本质领域到概念领域的推移。在自然哲学中也玩弄这种推移——从无机界到生物界的推移。"②"他不是从对象中发展自己的思想，

① 马克思，恩格斯. 马克思恩格斯全集：第一卷［M］. 北京：人民出版社，1956：252.

② 马克思，恩格斯. 马克思恩格斯全集：第一卷［M］. 北京：人民出版社，1956：254.

而是按照做完了自己的事情并且是在抽象的逻辑领域中做完了自己的事情的思维的样式来制造自己的对象。黑格尔要做的事情不是发展政治制度的现成的特定的理念，而是使政治制度和抽象理念发生关系，使政治制度成为理念发展链条上的一个环节，这是露骨的神秘主义。"①

**（3）从哲学的角度来说，黑格尔把法哲学变成了应用逻辑学，用唯心主义方法来处理社会政治问题。**

马克思抓住了黑格尔唯心主义的要害，指出黑格尔把法哲学变成了应用逻辑学，即用唯心主义方法来处理社会政治问题。他说："在这里，注意的中心不是法哲学，而是逻辑学。在这里，哲学的工作不是使思维体现在政治规定中，而是使现存的政治规定化为乌有，变成抽象的思想。在这里具有哲学意义的不是事物本身的逻辑，而是逻辑本身的事物。不是用逻辑来论证国家，而是用国家来论证逻辑。"② 马克思还指出，虽然黑格尔研究的是法，实际上在他那里，"整个法哲学只不过是对逻辑学的补充"③。由此可见，《黑格尔法哲学批判》虽

① 马克思，恩格斯. 马克思恩格斯全集：第一卷 [M]. 北京：人民出版社，1956：259.

② 马克思，恩格斯. 马克思恩格斯全集：第一卷 [M]. 北京：人民出版社，1956：263.

③ 马克思，恩格斯. 马克思恩格斯全集：第一卷 [M]. 北京：人民出版社，1956：264.

然还是局限于国家和法，但已经牵涉到一般哲学方法论问题，它表明马克思迈出了清算黑格尔思想影响的第一步，为以后的全面批判黑格尔的思辨哲学打开了一个缺口。

马克思关于市民社会同国家关系的观点，随着对黑格尔的批判而不断发展。在《黑格尔法哲学批判》手稿的靠后部分关于私有财产同国家关系的论述中，马克思对这个问题的认识更加深入。

按照黑格尔的唯心主义观点，国家政权统治着私有财产，使它服从自己，服从整体的普遍利益。因此，在黑格尔看来，长子继承制是政治的要求，应该从这种制度的政治地位和政治意义来考察。马克思的看法截然相反：实际上长子继承制是土地占有制本身的结果，是已经硬化了的私有财产，是最独立和最发达的私有财产。国家制度是"私有财产的国家制度"①。黑格尔把长子继承制描写成政治国家对私有财产的支配权，马克思批判说，这是"倒因为果，倒果为因，把决定性的因素变为被决定的因素，把被决定的因素变为决定性的因素"②。马克思在这里提出了私有财产这个范畴。当然，

---

① 马克思，恩格斯. 马克思恩格斯全集：第一卷［M］. 北京：人民出版社，1956：380.

② 马克思，恩格斯. 马克思恩格斯全集：第一卷［M］. 北京：人民出版社，1956：369.

这里主要讲的是长子继承制和土地占有制的关系，还没有提出一般的、普遍性的命题，但它比市民社会决定国家的提法又前进了一步，因为它已经涉及市民社会的最重要内容——所有制的问题，虽然暂时还局限于一种形式——土地占有制。

**（4）反对君主立宪制，主张人民主权，马克思认为黑格尔的君主制是从国家制度中引申来的，他把欧洲立宪制的一切属性变成了意志的绝对的自我规定；意志的最后决断，就是君主。马克思进一步指出，人的存在不取决于他的肉体性，而决定于他的社会性。**

黑格尔的《法哲学原理》，更多地反映了他的保守的政治倾向。如果说《精神现象学》和《逻辑学》中迸发出辩证法的思想光芒，那么在《法哲学原理》中更多的就是为普鲁士国家辩护的糟粕。马克思在批判黑格尔的国家观时，尖锐地指出，"黑格尔周身都染上了普鲁士官场的那种可怜的妄自尊大的恶习，像官僚一样心胸狭隘"；并批判了他对待人民的意见，"摆出一副趾高气扬的臭架子"[①]。因此马克思在揭示了黑格尔在市民社会和国家关系问题上的谬误后，也批判了黑格尔关于国家制度的一系列言论。这不仅表明了马克思向唯物主义

---

① 马克思，恩格斯. 马克思恩格斯全集：第一卷［M］. 北京：人民出版社，1956：401.

的进一步转变，也出现了马克思走向科学社会主义的征兆。

黑格尔关于国家制度的分析，基础仍然是理念主宰一切的客观唯心主义。他认为国家是一种有机体，而不是某些机关、职能机构的总和。这种观点是辩证的，得到了马克思的肯定评价："把政治国家看做机体，因而把权力的划分不是看做机械的划分，而是看做有生命的和合乎理性的划分，——这标志着前进了一大步。"①

但是，黑格尔把国家制度看成统一整体的辩证思想是和唯心主义结合在一起的，它不是从国家本身，而是从有机体这个观念中推论出来的。在黑格尔那里，"各种差别及各种差别的客观现实性"② 被看作理念的发展以及理念发展的结果。

黑格尔的唯心主义国家观，是为他的保守的政治观点效劳的。他从国家的概念中引申出君主制，甚至引申出世袭君主制。在黑格尔看来，历史上存在过的各种国家形式，如君主专制、贵族专制、民主制，都是片面的、有缺陷的制度，都是不完善的、不合乎理性的制度，而只有君主立宪制才是最理想的国家制度，才是国

---

① 马克思，恩格斯. 马克思恩格斯全集：第一卷［M］. 北京：人民出版社，1956：255.

② 马克思，恩格斯. 马克思恩格斯全集：第一卷［M］. 北京：人民出版社，1956：255-256.

家制度发展的"现代的成就"，才是与国家概念相符合的国家制。他还把孟德斯鸠提出的立法、司法、行政三权分立的民主思想，改造为王权、行政权和立法权相结合，而王权处于首位的君主立宪制。在黑格尔看来，"王权，即作为意志最后决断的主观性的权力，它把被区分出来的各种权力集中于统一的个人，因而它就是整体即君主立宪制的顶峰和起点"①。正如马克思所揭露的："黑格尔把近代欧洲立宪君主的一切属性都变成了意志的绝对的自我规定。他不说君主的意志就是最后决断，却说意志的最后决断就是君主。""他这样做是为了制造出体现'在一个个人'身上的'理念'。"② 这样一来，君主当然成为高踞于人民之上的、不同于整个人类、不同于其他人的绝对观念的"定在"。

马克思在批判黑格尔的国家观时，开始了对人的本质问题的论述。国家的职能和活动是和个人相联系的，国家只有通过个人才能发生作用。但是与国家发生联系的不是作为肉体的个人，即作为自然存在物的个人，而是作为国家的个人。黑格尔抽象且单独地考察国家的职能和活动，把特殊的个体性看作国家职能和活动的对立

---

① 黑格尔. 法哲学原理［M］. 范扬，张企泰，译. 北京：商务印书馆，1961：287.

② 马克思，恩格斯. 马克思恩格斯全集：第一卷［M］. 北京：人民出版社，1956：275.

物，因此，他把国家的职能和活动同个人的联系看成外在的、偶然的。马克思指出，黑格尔的这种看法，"忘记了特殊的个体性是人的个体性，国家的职能和活动是人的职能；他忘记了'特殊的人格'的本质不是人的胡子、血液、抽象的肉体的本性，而是人的社会特质，而国家的职能等等只不过是人的社会特质的存在和活动的方式。因此很明显，个人既然是国家职能和权力的承担者，那就应该按照他们的社会特质，而不应该按照他们的私人特质来考察他们"①。人的肉体存在是人的自然基础，人一定要生出来，由于肉体的出生，他才能成为社会的人，但人的本质并不取决于他的肉体存在。马克思在这里已经看到了人的社会性。

马克思在批判黑格尔关于国家制度的观点的同时，还对君主制和民主制、君主主权和人民主权的关系进行了论述。

黑格尔反对把君主主权和人民主权对立起来，认为君主主权是人民主权的代表和象征，这完全是为君主立宪制辩护，甚至是为君主个人专横唱颂歌。马克思批驳了黑格尔把君主主权冒充和代替人民主权的观点，认为如果主权在君主方面，再提与君主主权相对立的人民主

① 马克思，恩格斯. 马克思恩格斯全集：第一卷 [M]. 北京：人民出版社，1956：270.

权是荒谬的，因为主权这个概念本身就不可能有双重的存在，更不可能有与自身对立的存在。君主主权指的是在君主身上实现的主权，人民主权指的是只能在人民身上实现的主权，这是两个完全对立的主权概念。马克思是主张人民主权的。他尖锐地指出："不是君主的主权，就是人民的主权——问题就在这里！""这同上帝主宰一切还是人主宰一切这个问题是一样的。"①

马克思坚决反对黑格尔推崇君主立宪制，而主张民主制。在马克思看来，在君主制中，没有人民的地位，整体即人民，从属于他们的政治制度。而在民主制中，不是人为法律而存在，而是法律为人而存在。因此马克思认为，"君主制则只是国家制度的一种，并且是不好的一种"。民主制是任何国家制度的本质，一切非民主制的国家形式，都是对国家本质的歪曲，"一切国家形式在民主制中都有自己的真理，正因为这样，所以它们有几分不同于民主制，就有几分不是真理"。

马克思所主张的民主制，不是资产阶级的民主制。虽然马克思承认资产阶级民主制比封建专制制度进步，但它并没有摆脱市民社会和国家、个体和人类的矛盾，而是这种矛盾的公开的、真实的、彻底的表现。正如基

---

① 马克思，恩格斯. 马克思恩格斯全集：第一卷［M］. 北京：人民出版社，1956：279.

督教徒在天国里平等而在人世不平等一样，资产阶级民主共和国里的平等，也是人民的单个成员在政治世界的天国中平等，而在人民的世俗存在中，在他们的社会生活中却不平等。

这样，马克思在《黑格尔法哲学批判》中，解决了一个疑难问题，提出了市民社会决定国家的理论，但又发现了另一个矛盾，即政治社会和市民社会的分裂问题，"市民社会的成员在自己的政治意义方面脱离了自己的等级，脱离了自己在私人生活中的实际地位"。在政治社会中，市民社会的成员是作为国家的成员、社会存在物，而在市民社会中是彻底实现了个人主义原则，个人的生存是最终目的，而人的活动、劳动都不过是手段而已。为了解决这个矛盾，马克思提出了关于政治解放和人类解放的理论。

## 二、探索人类解放的道路和力量

马克思在《克罗茨纳赫笔记》① 中一方面总结《莱茵报》时期的经验，钻研历史，写了《黑格尔法哲学批判》，解决了市民社会同国家的关系问题；另一方面又

---

① 《克罗茨纳赫笔记》是马克思研究记录历史的一个笔记本，与它相对应的是《德法年鉴》。《德法年鉴》是对当代的斗争"作出当代的自我阐明"。

积极筹备《德法年鉴》，研究政治解放和人类解放的关系，探索人类解放的道路和力量，继续完成从《莱茵报》开始的两个转变。

## （一）《德法年鉴》——对当代的斗争"作出当代的自我阐明"

马克思是很重视报刊工作的。确实，一份好的报纸和杂志，就是一个向敌人猛烈射击的碉堡。《莱茵报》的阵地丢失了，马克思又力图构筑起另一个碉堡。他原来打算参加海尔维格在苏黎世创办的激进月刊《德意志通报》的工作，这个计划未能实现，杂志没有出版。他又同卢格积极筹备出版另一种刊物。马克思主张创办一个新的刊物，而不是恢复卢格的《德国年鉴》。在马克思看来，"即使《德国年鉴》重新获准出版，我们至多也只能做到一个已停刊的杂志的很拙劣的翻版，而现在这样已经不够了"。马克思提出在国外出版一种能联合德国和法国革命者的刊物，这个刊物叫《德法年鉴》。他认为，只有创办这种刊物，才"是能够产生后果的事件，是能够唤起热情的事业"。

根据联合德国和法国革命者这个宗旨，马克思曾计划邀请一些著名的法国社会主义者，如拉马耐、路易·勃朗、卡贝、蒲鲁东为《德法年鉴》撰稿，他们都反应冷淡。马克思还曾写信给费尔巴哈，邀请他为《德法年鉴》写文章批判谢林。马克思在信中说，"您是第一批宣布必须实现德法科学联盟的著作家之一。因此，您必然也是旨在实现联盟事业的第一批支持者之一。而现在要轮流发表德国和法国著作家的著作。巴黎的优秀作者们已经表示同意。我们十分高兴从您那里得到稿件"，"如果您马上给创刊号写一篇评论谢林的文章，那就是对我们所创办的事业，尤其是对真理，做出了一个很大的贡献。您正是最适合做这件事情的人，因为您是谢林的直接对立面"。费尔巴哈拒绝了马克思的盛情邀请。

但是《德法年鉴》得到恩格斯、海涅、海尔维格、赫斯的支持。经过近一年的筹划，《德法年鉴》创刊号（一、二期合刊）终于在巴黎出版了，这是当时社会政治生活中一件有影响的事。同马克思一样，恩格斯也曾经提出过要"创办一种主张彻底改造社会的定期刊物"，当他得知马克思在筹备这个刊物时，他不仅大力支持，积极投稿，而且在《大陆上的运动中》一文中，预告了《德法年鉴》的出版，并肯定了它的成就。他说："这样的定期刊物已经在巴黎创办，名为《德法年鉴》，它的编辑卢格博士和马克思博士以及其他一些撰稿人都是德国的'共产主义学者'；支持他们的还有法国最杰出的社会主义作家。要选择一个比目前更有利的时机来出版这样一种每月一期、既登法文文章又登德文文章的刊物，无疑是很困难的；就在创刊号出版以前，它的成就已经是肯定的了。"

《德法年鉴》比《莱茵报》引起的反响更大。《莱茵报》的政治特征是民主主义，而《德法年鉴》是共产主义。当时普鲁士政府驻巴黎大使向政府报告了《德法年鉴》的政治倾向，反动的普鲁士专制政府封锁边境，严防《德法年鉴》传入德国，并下令：如果马克思、卢格、海涅进入普鲁士国境就予以逮捕。具有反动倾向的报刊发表评论攻击《德法年鉴》。如莱比锡《铁路报》指责《德法年鉴》"把各民族的无产阶级奉若神明，只对它寄予希望和信任"。《德法年鉴》引起了敌人的叫骂，却得到德国、法国、俄国革命者的欢迎和赞扬。

但是异军突起，使政治和思想界受到震惊的《德法年鉴》只出版了一期，由于马克思和卢格的分歧而宣告停刊。这是必然的结果。从创办《德法年鉴》一开始，他们在刊物的性质、任务等问题上，就存在着不同的看法。在《德法年鉴》创刊号上，以"1843年的通信"为题，公布了马克思、卢格、费尔巴哈、巴枯宁之间的通信，这些信，极其明显地表明了思想不断深化的马克思，同青年黑格尔派中的佼佼者卢格的分歧。

马克思对德国革命寄予期望，充满了乐观主义精神。他在1843年3月致卢格的信中，根据当时德国的政治现实和威廉四世上台后实行的加强书报检查、封闭报刊、严密控制思想的反动政策，指出了由于新皇帝实行的高压政策，"自由主义肩上的华丽斗篷掉下来了，极其可恶的专制制度已赤裸裸地呈现在全世界的面前"，因而德国不可避免的命运，"就是即将来临的革命"。但是卢格的复信充塞着悲观失望的情绪。马克思批评他说，"您的来信是一支出色的哀曲，一首使人心碎的挽歌，可是它毫无政治内容"，并且说，"任何一个民族都不会陷于绝望的境地"。

马克思进而分析了德国的政治制度和社会状况。他将德国和法国相比较，认为德国"远远落在使人复活的法国大革命后面"，德国的政治制度是从中世纪产生和形成的野蛮制度，即专制制度，这种制度的唯一原则就是"轻视人，蔑视人，使人不成其为人"。事实上，在普鲁士，国王就是整个制度。国王是唯一的政治人物，一切都由他一个人决定。这种制度能长期存在下去吗？马克思分析了德国的社会状况，从人民对专制制度不满的革命情绪、从社会制度本身、从私有制本身，肯定了革命的必然性和必要性。在德国，资本主义制度在迅速发展，资本主义制度固有的矛盾不断激化。工商业制度、人们的私有财产和剥削制度正在比人口的繁殖不知快多少倍地引起当时社会内部的分裂，这种分裂，根源于旧制度本身，是它自己无法医治的痼疾。可是专制制度企图用暴力维持自己的生存，它不仅迫使一切有思想的人反对自己，而且不断把旧式臣民变成反对自己的

"新兵"。这是一种恶性循环，"受难的人在思考，在思考的人又横遭压迫，这些人的存在是必然会使那饱食终日，醉生梦死的庸俗动物世界坐卧不安的"。马克思还针对卢格的那种垂头丧气的情绪，充满豪情地说："让死人去埋葬和痛哭自己的尸体吧。最先朝气蓬勃地投入新生活的人，他们的命运是令人羡慕的。但愿我们的命运也同样如此。"

### （二）对德国革命的不同看法使他们对刊物的任务也存在分歧

卢格没有改变资产阶级激进主义的立场，他力图把《德法年鉴》办成当年他主编的《哈雷年鉴》的延伸。他想利用国外出版自由的条件，发表一些反对政府的文章。而马克思则要把《德法年鉴》办成一个革命刊物，通过理论批判和实际斗争的结合，对社会和国家进行根本改造。马克思于1843年9月写给卢格的信，是为即将出版的《德法年鉴》制定的纲领。马克思提出了一个重要问题：往何处去？他指出当时在德国，"虽然对于'从何处来'这个问题没有什么疑问，但是对于'往何处去'这个问题却很糊涂"。德国的各种各样的改革家们，对于未来并没有明确的观念。马克思要探讨"往何处去"的问题。正是在这个问题上，马克思同一切空想主义、教条主义、宗派主义不同，非常鲜明地表现了即将诞生的马克思主义的某些特点。

马克思明确宣布："我不主张我们树起任何教条主义的旗帜。"他反对以预言家的姿态推断未来，反对从头脑中发现解决社会问题的方案和万灵药方。为此，马克思反对空想的社会主义和共产主义，批评了傅立叶、蒲鲁东、卡贝、德萨米、魏特林，特别是指出了它们"没有摆脱它的对立面即私有制的存在的影响。所以消灭私有制和这种共产主义绝对不是一回事"。这比起发表在《莱茵报》上的《共产主义和奥格斯堡"总汇报"》对空想社会主义的批评进了一步，指出了它的根本弱点，不是消灭私有制，从而把马克思即将创立的共产主义同它区别开来了。

马克思反对充当新时代的预言家，但并不是说马克思对未来即"往何处去"的问题可以置之不理。他反对的是把自己的任务归结为"推断未来和宣布一些适合将来任何时候的一劳永逸的决定"，主张"在批判旧世界中发现新世界"。把发现新世界，即关于未来社会主义的设想、预测，建立在对旧世界的剖析的基础上。这就把理想和现实结合起来，把未来社会和当前社会联系起来，避免了重蹈空想社会主义的覆辙。

马克思是一个革命家，他主张"对现存的一切进行无情的批判"。他特别强调批判要无情，所谓无情，就是"不怕自己所作的结论，临到触犯当权者时也不退缩"。但是，马克思和主张所谓批判的青年黑格尔派不同。这些青年黑格尔分子以英雄自命，把理论批判同政治斗争对立起来，并把它置于群众之上。他们认为自己拥有一切谜语的答案，"愚昧的凡俗世界只需张开嘴来接受绝对科学的烤松鸡就得了"。而马克思强调的是政治斗争，特别是群众的实际政治斗争。他说："什么也阻碍不了我们把我们的批判和政治的批判结合起来，和这些人的明确的政治立场结合起来，因而也就是把我们的批判和实际斗争看做同一件事情。在这种情况下，我们就不是以空论家的姿态，手中拿了一套现成的新原理向世界喝道：真理在这里，向它跪拜吧！我们是从世界本身的原理中为世界阐发新原理。我们并不向世界说：'停止斗争吧，你的全部斗争都是无谓之举，而是给它一个真正的斗争口号'。"由此可见，在马克思看来，政治批判的任务并不是制造教条，充当算命先生，预测未来。它不能代替群众的实际斗争，而是指导群众斗争，提出一些真正符合实际斗争的口号。

马克思正是根据这个原则来确定《德法年鉴》的任务和目的。他说："我们杂志的方针：对当代的斗争和愿望作出当代的自我阐明（批判的哲学）。这是既为了世界，也为了我们的工作。这种工作只能是联合起来的力量的事业。问题在于忏悔，而不是别的。人类要洗清自己的罪过，就只有说出这些罪过的真相。"这实际上是告诉我们：理论不能脱离当代的斗争和愿望，也就是说，它不能低于时代的水平，它要反映时代的要求和愿望，对这种要求和愿望，做出具有当代水平的阐述。这样做，就是揭露整个旧制度罪恶的真相，即揭露产生这些罪恶的原因，从而使人类有可能洗清自己的罪过，彻底消灭一切不合理的现象。问题在于"忏悔"。不"忏悔"，即不把旧制度的一切罪恶原原本本地揭示出来，人类的解放是不可能的。马克思这段格言式的充满哲理的稍微有点晦涩的表述，不仅规定了《德法年鉴》的任务，实际上也是对即将诞生的马克思主义的任务的概括。

通过马克思和卢格的书信来往，以及他们的具体筹划，1843 年 10 月，刊物的组织工作大致结束。为了《德法年鉴》的出版，10 月底，马克思偕燕妮迁居巴黎。虽然创办《德法年鉴》的计划受到法国民主主义者和社会主义者的冷遇，但从德国来到巴黎，对马克思的思想转变具有重要意义。同比较落后的德国相比，资产阶级大革命以来的法国尖锐激荡的政治斗争和活跃的社会主义思潮，扩大了马克思的眼界，使这位来自"哲学之邦"的年轻思想家投入了一个新的世界。

## （三）提出"人类解放"的口号，第一次阐述了关于社会主义革命的思想

《德法年鉴》标志着马克思和恩格斯从唯心主义向

唯物主义、从革命民主主义向共产主义的转变。马克思为该刊拟定的办刊方针包括：不主张树起任何教条主义的旗帜，要在批判旧世界中发现新世界；对现存的一切进行无情的批判；为真正的独立思考的人们寻找新的结合点；将报刊的理论批判和政治批判结合起来。此外《德法年鉴》标志着马克思主义宗教观的诞生。马克思、恩格斯在《德法年鉴》中提出"人类解放"的口号，第一次阐述了关于社会主义革命的思想。

《德法年鉴》发表了马克思的两篇文章：《论犹太人问题》和《〈黑格尔法哲学批判〉导言》。这两篇文章，从政治上说，是马克思自己提出的"对当代的斗争和愿望作出当代的自我阐明"的体现；而在理论上，则是他在《黑格尔法哲学批判》中提出的"市民社会决定国家"这一观点的深化和发展。列宁曾经高度评价这两篇文章，说它们是"马克思的特别优秀的著作"，而且把它们看成马克思彻底转变的重要标志。他说，"1844 年在巴黎出版马克思和阿尔诺德·卢格主编的《德法年鉴》，上述的转变在这里已彻底完成"①，"马克思在这个杂志上发表的文章，已表明他是一个革命家，主张'对现存的一切进行无情的批判'，特别主张进行'武器的批判'；他诉诸群众，诉诸无产阶级"②。

---

① 列宁. 列宁全集：第二十一卷 [M]. 北京：人民出版社，1990：59.
② 列宁. 列宁全集：第二十一卷 [M]. 北京：人民出版社，1990：29.

《论犹太人问题》是 1843 年秋马克思在克罗茨纳赫开始写作，到巴黎以后完成的。马克思在这篇文章中，同他原来博士俱乐部的朋友、青年黑格尔派的首领布鲁诺·鲍威尔就犹太人问题，展开了公开论战。但这篇文章的重要意义并不在于犹太人问题本身，而在于马克思通过对犹太人解放问题的研究，探讨了政治解放和人类解放的关系，从而提出了社会主义革命的问题。

犹太人在德国的地位是矛盾的：一方面，他们非常富有，在经济生活中起着重要作用；另一方面，在政治上又处于无权的地位。19 世纪初，普鲁士政府公开发布命令，规定犹太人不得担任公职。犹太人一直进行斗争，要求与基督教徒享有平等的权利。随着资产阶级的发展，这种要求越来越强烈，但遭到普鲁士政府的镇压。因而犹太人问题成为公众瞩目、热烈讨论的一个问题。青年黑格尔派对这个问题很感兴趣，在《莱茵报》上曾发表过不少关于犹太人问题的文章。

早在 1842 年 8 月，马克思就在给《莱茵报》的发行负责人达哥贝尔特·奥本海姆的信中，表示要为该报就犹太人问题写一篇文章，以反对鼓吹反犹主义的海尔梅斯。他对奥本海姆说："请您把海尔梅斯所有反对犹太人的文章都寄来。然后，我尽可能快地给您寄一篇文章，这篇文章，即使不能彻底解决这个问题，也要把它纳入另一条轨道。"① 但由于马克思忙于其他工作，这篇文章未写成。过了一年多，马克思又重新回到这个问题上来了，写了《论犹太人问题》。这次论战对象，已经不是德国的反动政论家、密探、《科伦日报》的编辑的海尔梅斯，而是自己曾一度共同战斗过的朋友、老师布鲁诺·鲍威尔。

鲍威尔完全是站在青年黑格尔派的立场上，把犹太人这个社会政治问题、政治解放，变成纯粹神学的问题。他在《现代犹太人和基督徒获得自由的能力》的文章中，完全混淆了宗教解放、政治解放、人类解放的关系，认为犹太人和基督徒之间最顽强的对立形式是宗教。由于犹太人坚持自己的宗教信仰，他们与整个社会进步处于对立状态，把自己排斥于人类社会之外。鲍威尔要犹太人放弃犹太教，基督徒放弃基督教，一切人都放弃宗教。他把放弃宗教，即从宗教信仰中解放出来，看成政治解放的前提。这样一来，将严肃、尖锐的社会政治问题化为纯粹宗教问题。

马克思指出，依据犹太人居住的国家不同，犹太人问题也有确定的提法。例如，在没有资产阶级民主制度的德国，犹太人问题是"纯粹"的神学问题，犹太人和

---

① 马克思，恩格斯. 马克思恩格斯全集：第二十七卷 ［M］. 北京：人民出版社，1964：433.

把基督教作为自己基础的国家处于宗教的对立状态；而在立宪国家，犹太人问题是个宪政问题，是个政治解放不彻底的问题；而在北美合众国，犹太人问题失去了神学的意义，成了真正的世俗问题。可是即使在德国，我们也不能停留在宗教的范围内，不管我们在神学的圈子里怎样转来转去地批判，我们总转不出这个圈子。马克思完全站在唯物主义立场，从市民社会和宗教的关系中分析宗教，把宗教束缚看成社会生活的反映，驳斥了鲍威尔把犹太人问题归结为宗教问题的观点。他指出："在我们看来，宗教已经不是世俗狭隘性的原因，而只是它的表现。因此，我们用自由公民的世俗桎梏来说明他们的宗教桎梏。我们并不认为：公民要消灭他们的世俗桎梏，必须首先克服他们的宗教狭隘性。……我们不把世俗问题化为神学问题。我们要把神学问题化为世俗问题。"①

正是根据对宗教产生原因的唯物主义看法，马克思和鲍威尔相反，从政治斗争的角度来看待反宗教的斗争，把对宗教的斗争看成政治斗争的前导。他说："废除作为人民虚幻幸福的宗教，也就是要求实现人民的现实幸福，要求抛弃关于人民处境的幻想，也就是要求抛

---

① 马克思，恩格斯. 马克思恩格斯全集：第一卷［M］. 北京：人民出版社，1956：425.

弃那需要幻想的处境。因此对宗教的批判就是对苦难世界——宗教是它的灵光圈——的批判的胚胎。"① 在马克思看来，全部反宗教斗争的意义在于，它为政治斗争开辟了道路，它使人们破除了对来世、对天堂的幻想，不是梦想死后升入天国，而是把天国建立在人间，因而这种斗争决不能停留在纯宗教斗争的水平上。他指出："人的自我异化的神圣形象被揭穿以后，揭露非神圣形象中的自我异化，就成了为历史服务的哲学的迫切任务。于是对天国的批判就变成对尘世的批判，对宗教的批判就变成对法的批判，对神学的批判就变成对政治的批判。"②

马克思还分析了政教分离和政治解放的关系、政治解放和宗教信仰的关系，批驳了鲍威尔把废除宗教信仰作为政治解放前提的观点。

"政治革命是市民社会的革命。"③ 这就是说，所谓政治解放，实际上是资产阶级革命。这种革命是反对封建专制制度，摧毁等级制度、行会和特权；这种革命，要求废除国教、宗教特权，实行政教分离，使国家从宗

① 马克思，恩格斯. 马克思恩格斯全集：第一卷 [M]. 北京：人民出版社，1956：453.

② 马克思，恩格斯. 马克思恩格斯全集：第一卷 [M]. 北京：人民出版社，1956：453.

③ 马克思，恩格斯. 马克思恩格斯全集：第一卷 [M]. 北京：人民出版社，1956：441.

教下解放出来。但它并不要求一切人放弃宗教，相反它给予公民以宗教信仰自由。"在政治解放已经完成了的国家，宗教不仅存在，而且表现了生命力和力量。"① 因此，政治解放即资产阶级革命，并没有消灭人的宗教观念，它也不想消灭这个观念。法国和英国的资产阶级革命都说明了这一点。法国资产阶级革命后，没有宣布废除宗教，而是实行宗教信仰自由，即把信奉任何宗教，用任何方式信奉宗教，举行特殊宗教仪式，看成公民不可侵犯的权利。由此可见，把放弃宗教作为政治解放的前提，是违背历史事实的。

马克思批判鲍威尔把政治解放和全人类解放混淆起来，没有探讨这两者的关系。他说："只是探讨谁应该解放别人？谁应该得到解放？这样的问题，无论如何都是不够的。批判还应该做到第三点，提出这样的问题：这里指的是哪一种解放？"② 马克思不仅提出了政治解放和人类解放问题，区分了这两种解放，而且把人类解放置于政治解放之上。

从社会发展来看，政治解放当然是一个进步。马克思肯定了它的历史功绩，但这种解放是不彻底的。例

---

① 马克思，恩格斯. 马克思恩格斯全集：第一卷 [M]. 北京：人民出版社，1956：425.

② 马克思，恩格斯. 马克思恩格斯全集：第一卷 [M]. 北京：人民出版社，1956：423.

如，资产阶级国家取消了以财产作为有没有选举权和被选举权资格的规定，但这只是从政治上废除了私有财产，实际上私有财产并没有被废除。当资产阶级国家宣布出身、等级、文化程度、职业为非政治差别，宣布国家不管这些差别，认为每个人都是人民主权的平等享有者的时候，实际上私有财产、文化程度、职业仍以其固有的方式发挥作用。资产阶级国家并没有消除实际上的不平等，相反，它以这些差别的存在作为自己存在的前提。

马克思还以资产阶级所宣布的人权为例来说明这个问题。资产阶级废除了封建社会的特权，宣布了人权，这当然是一个历史的进步。但资产阶级宣布的人权并不是抽象的超阶级的人权。马克思剖析了 1791 年、1793 年的法国人权和公民权宣言，剖析所谓"自然的和不可剥夺的权利"，如平等、自由、安全、财产等等人权时指出："……究竟是什么人呢？不是别人，就是市民社会的成员。"[1] 他还说："任何一种所谓人权都没有超出利己主义的人，没有超出作为市民社会的成员的人，即作为封闭于自身、私人利益、私人任性、同时脱离社会

---

[1] 马克思，恩格斯. 马克思恩格斯全集：第一卷 [M]. 北京：人民出版社，1956：437.

整体的个人的人。"① 因此，资本主义社会的人权，具有鲜明的资产阶级性质。

正因为这样，马克思看到了政治解放的局限性，指出"政治解放本身还不是人类解放"②。因为它虽然在政治生活中，把人变成公民，变成法人，但在经济生活中却把人变成市民社会的成员，变成利己的、独立的个人。这种政治解放，是市民社会的一部分人取得普遍统治，即原来处于被压迫地位的资产阶级，变成新社会的统治者。他们虽然打着为全体人类利益的旗号，把自己看成普遍利益的代表，但实际上他们解放的不是整个社会而是他们自己。

同政治解放相对立，马克思提出了"人类解放"的口号。同毫不触犯"大厦支柱"即私有制的政治解放不同，人类解放是要彻底消灭人类自我异化的极端表现，"推翻那些使人成为受屈辱、被奴役、被遗弃和被蔑视的东西的一切关系"③。正如马克思所说的："只有当现实的个人同时也是抽象的公民，并且作为个人，在自己的经验生活、自己的个人劳动、自己的个人关系中间，

---

① 马克思，恩格斯. 马克思恩格斯全集：第一卷 [M]. 北京：人民出版社，1956：439.

② 马克思，恩格斯. 马克思恩格斯全集：第一卷 [M]. 北京：人民出版社，1956：435.

③ 马克思，恩格斯. 马克思恩格斯全集：第一卷 [M]. 北京：人民出版社，1956：461.

成为类存在物的时候，只有当人认识到自己的'原有力量'并把这种力量组织成为社会力量因而不再把社会力量当做政治力量跟自己分开的时候，只有到了那个时候，人类解放才能完成。"① 这里，马克思虽然用的是不成熟的、费尔巴哈人本主义的术语，但表达了他社会主义革命的思想。

第一，马克思看到了政治解放和人类解放的区别和联系，并把人类解放置于政治解放之上，认为只有人类解放才是真正的解放。这说明马克思远远超过了把资产阶级民主制当作最高目标的一切民主派，他所追求的不是政治解放，不是资产阶级的自由、民主、平等，而是人类解放。

第二，马克思已看到了政治解放的缺点。在资本主义社会中，每个人在经济生活中是自私自利的个体；而在政治生活中，在国家生活中，每个人都是公民，表现了人的社会本性。要消除这个矛盾，必须触犯大厦的"支柱"，即经济领域。马克思当时还未研究经济学，还不能通过对资本主义生产方式本身的剖析来分析这个问题，但是他通过分析犹太教，已初步接触到这个问题。犹太的世俗基础是实际需要、自私自利；犹太人的世俗

---

① 马克思，恩格斯. 马克思恩格斯全集：第一卷［M］. 北京：人民出版社，1956：443.

偶像是做生意的人；犹太人的世俗上帝是金钱。所以在马克思看来，犹太人的解放，归根到底，就是人类从犹太中获得解放，即从做生意、从金钱势力下解放出来。正如马克思所说的："社会一旦消灭了犹太的经验本质，即做生意及其前提，犹太人就不可能产生，因为他的意识就不再有对象，犹太的主观基础即实际需要就会人性化，因为人的个体感性存在和类存在的矛盾就会消失。"他并且做了个精辟的总结："犹太人的社会解放就是社会从犹太中获得解放。"①

第三，马克思认为，人类解放是要消灭把自己创造的社会力量变成与自己对立的政治力量。这里包含着关于消灭阶级、消灭压迫、消灭国家、消灭生产关系对自身的奴役的思想萌芽。

可见，同《莱茵报》时期着重于"破"，即与批判空想社会主义相比，马克思这时已经开始论述自己关于社会主义革命的重要设想。这是一个重大发展。

## （四）找到了实现人类解放的途径和决定力量

究竟如何实现人类解放？由什么力量来实现人类解放？《论犹太人问题》并没有提出这个问题。这些问题是在《〈黑格尔法哲学批判〉导言》中解决的。马克恩

---

① 马克思，恩格斯. 马克思恩格斯全集：第一卷［M］. 北京：人民出版社，1956：451.

在解决这些问题时，阐述了无产阶级伟大历史使命的思想。这是马克思关于人类解放理论的继续发展，是《德法年鉴》时期的最高思想成就，也是马克思完全转到共产主义的重要标志。

马克思坚决反对把全部斗争归结为反宗教的青年黑格尔派，明确宣布，就德国来说，对宗教的批判实际上已结束，号召人们："应该向德国制度开火！一定要开火！"宣称自己"不是要驳倒这个敌人，而是要消灭这个敌人"①。马克思以一个革命者的姿态，号召人们起来战斗。

德国比英、法落后。在英、法行将结束的事物，在德国才刚刚开始。因此，德国不能简单重复英、法式的资产阶级革命。仅仅实行政治革命即实行资产阶级革命不能解决德国的矛盾，"对德国来说，彻底的革命，全人类的解放并不是乌托邦式的空想，只有部分的纯政治的革命，毫不触犯大厦支柱的革命，才是乌托邦式的空想"②。因此，在马克思看来，德国革命不能停留在英、法的资产阶级革命水平上，而必须继续向前推进，实行社会主义革命。

---

① 马克思，恩格斯. 马克思恩格斯全集：第一卷［M］. 北京：人民出版社，1956：455.

② 马克思，恩格斯. 马克思恩格斯全集：第一卷［M］. 北京：人民出版社，1956：463.

但是，德国实现人类解放的可能性在哪里？究竟哪个阶级能担任这个伟大的历史任务呢？

任何一个旧制度，它无论怎样荒谬、腐败，都受到统治阶级的全力维护和支持。他们手中掌握政权和一切镇压机器。要打败统治阶级的反抗，只有一个办法，就是必须从当时社会中找出一种能推翻他们的社会力量。任何一个社会变革都是这样，无产阶级革命更是如此。

空想社会主义者指责资本主义剥削制度和各种不合理的现象，咒骂它，希望消灭它，对未来充满憧憬，幻想建立一个美好的社会制度。他们真诚地同情无产阶级，把无产阶级的苦难看成必须加以医治的社会溃疡。但他们把医治社会溃疡，建立一个美好制度的希望寄托在王公贵族和英明的统治者身上，认为只要他们相信现代社会制度不合理并愿意加以改造，就能实现社会主义。因此，**空想社会主义者长期在黑暗中摸索，他们找不到真正的出路，找不到能够成为新社会创造者的社会力量。**

**提出无产阶级伟大历史使命的理论**，是马克思、恩格斯划时代的历史功绩。正如列宁所说的："马克思学说中的主要的一点，就是阐明了无产阶级这个社会主义社会创造者的具有世界历史意义的作用。"还明确指出：

"马克思最初提出这个学说，是在 1844 年。"① 在 1844 年以前，例如在关于莱茵省议会辩论的第一篇论文中，马克思赞扬农民代表的发言；在关于林木盗窃法的论文中，为捡拾枯枝的贫苦农民辩护；而在《共产主义和奥格斯堡"总汇报"》中，支持"一无所有的等级要求占有中等阶级的一部分财产"的正义呼声，但是，在这时马克思并没有从理论上认识到无产阶级的历史作用，更多的是表现了他对无产者的深厚感情。正是在 1844 年年初发表的《〈黑格尔法哲学批判〉导言》中，马克思明确回答了这个问题，第一次对无产阶级的伟大历史使命做了精辟的论述。**他说，德国解放的实际可能性"在于形成一个被彻底的锁链束缚着的阶级，即形成一个非市民社会阶级的市民社会阶级，一个表明一切等级解体的等级"，这"就是无产阶级"②。**

**更深刻的是，马克思不是抽象地提出了这个论断，而是对无产阶级的地位、作用进行了一定的分析。**

马克思分析了德国无产阶级的形成，指出"德国无产阶级是随着刚着手为自己开辟道路的工业的发展而形成起来的"；而且随着社会的急剧解体，特别是中间等

① 列宁. 列宁选集：第二卷 [M]. 北京：人民出版社，1972：437.
② 马克思，恩格斯. 马克思恩格斯全集：第一卷 [M]. 北京：人民出版社，1956：466.

级的破产和分化，逐渐"充实无产阶级的队伍"①。在这里，马克思已经看到了近代无产阶级和资本主义工业的必然联系，看到了无产阶级是唯一不断成长壮大的阶级。

马克思看到了无产阶级不是同德国国家制度的后果发生片面矛盾，而是同它的前提即私有制发生全面矛盾。因此，无产阶级是唯一彻底革命的阶级，任何改良的措施都不能使无产阶级摆脱自己的奴隶地位。

**马克思把消灭私有制作为无产阶级的重要任务，而无产阶级的这一使命，是由它自己的地位决定的。**"无产阶级要求否定私有财产，只不过是把社会已经提升为无产阶级的原则的东西，把未经无产阶级的协助、作为社会的否定结果而体现在它的身上，即无产阶级身上的东西提升为社会的原则。"② 这就是说，无产阶级不占有任何私有财产，它要求普遍消灭私有财产，无非是把自己身上已经实现的东西推广到全社会，使整个社会都摆脱私有财产。

**特别重要的是，马克思这时已看到了无产阶级解放和人类解放的关系。**他指出，无产阶级"不要求享有任

---

① 马克思，恩格斯. 马克思恩格斯全集：第一卷 [M]. 北京：人民出版社，1956：466.

② 马克思，恩格斯. 马克思恩格斯全集：第一卷 [M]. 北京：人民出版社，1956：466-467.

何一种特殊权利"，无产阶级"若不从其他一切社会领域解放出来并同时解放其他一切社会领域，就不能解放自己的领域"①。这样，无产阶级和全体被剥削、被压迫人民的利益是一致的。无产阶级如果不同时使整个社会摆脱阶级划分和阶级斗争，使社会永远从剥削、压迫和阶级斗争中解放出来，就不能争得自身的彻底解放。在以往的阶级社会中，任何一个阶级的新的解放，意味着带来新的剥削和奴役，而无产阶级的解放，包含着全人类的解放。

**上述一些主要思想，还处于萌芽状态，此后在《神圣家族》和《德意志意识形态》中得到进一步阐明，特别是在《共产党宣言》中，完善成关于无产阶级专政历史使命的完整理论。**

马克思还分析了无产阶级在实现自己的伟大历史使命时，哲学、理论所起的作用。马克思肯定革命需要被动因素，即需要物质基础。这是唯物主义观点，但马克思并不否认理论的作用。"批判的武器当然不能代替武器的批判，物质力量只能用物质力量来摧毁；但是理论一经掌握群众，也会变成物质力量。"② 这段脍炙人口的

---

① 马克思，恩格斯. 马克思恩格斯全集：第一卷 [M]. 北京：人民出版社，1956：466.

② 马克思，恩格斯. 马克思恩格斯全集：第一卷 [M]. 北京：人民出版社，1956：460.

名句，生动地深刻地揭示了物质和精神、理论和实践的辩证关系。马克思还形象地把无产阶级喻为人类解放的"心脏"，把哲学比作"头脑"，指出"哲学把无产阶级当做自己的物质武器，同样地，无产阶级也把哲学当做自己的精神武器；思想的闪电一旦真正射入这块没有触动过的人民园地，德国人就会解放成为人"①。马克思坚决驳斥了把理论和实践、哲学和革命割裂开来的"实践派"和"理论派"，进一步发展了他早在博士论文中就已萌芽的应有和现有、哲学与现实统一的思想。

在《德法年鉴》出版后不久，1844 年 6 月，德国发生了西里西亚纺织工人起义。马克思和卢格对这次起义的看法存在着分歧，并发生了公开的争论。但对我们来说，重要的并不是争论本身，而是马克思在反驳卢格的论战中，进一步发挥了他在《德法年鉴》中提出的观点，特别是关于无产阶级伟大历史使命的观点，对于无产阶级贫困的原因、对德国工人运动的使命以及革命和政权的关系进行了论述。

在卢格看来，在德国这样一个国家，西里西亚起义就像某种地方性的水灾或饥荒似的，只有局部性意义。而且在国王看来，产生这种现象的原因在于行政机关办

---

① 马克思，恩格斯. 马克思恩格斯全集：第一卷［M］. 北京：人民出版社，1956：467.

事不力或者慈善事业办得不够。马克思驳斥了这个论点，指出卢格曲解工人贫困的原因，这并不是德国的特点，即使是英国这样工业高度发达的国家也是如此。英国工业很发达，可又是个赤贫的国家，在英国，工人的贫困不是个别的现象，而是普遍的现象，贫困不只限于工业区，也扩展到农业区，可是英国的资产阶级不从社会制度本身寻找根源，而是极力掩饰贫困的真正原因。例如，辉格党把原因推在托利党身上，托利党推在辉格党身上；英国政治经济学家麦克库洛林则极力美化英国的工人状况；而另一些人则把工人的贫困归结为忽视教育问题。总而言之，资产阶级"国家永远也不会认为社会疾苦的根源在于'国家和社会结构'。凡是有政党存在的地方，每一个政党都认为一切祸害的根源就在于执政的是别的和它敌对的政党而不是它自己"①。

马克思根据《德法年鉴》所达到的认识，指出资本主义社会"赤贫现象的迅速发展乃是现代工业的必然后果"②，资产阶级政府对消灭贫困是无能为力的，因为消灭贫困等于消灭自身，因为它就是建立在这种不断产生贫困的私有制的基础上的。"现代国家要消灭自己的行

---

① 马克思，恩格斯. 马克思恩格斯全集：第一卷 ［M］. 北京：人民出版社，1956：478.

② 马克思，恩格斯. 马克思恩格斯全集：第一卷 ［M］. 北京：人民出版社，1956：476.

政机关的无能就必须消灭现在的私人生活。而要消灭私人生活，国家就必须消灭自己，因为国家纯粹是作为私人生活的对立物而存在的。"①

马克思还驳斥了卢格极力贬低西里西亚纺织工人起义意义的谬论。马克思具体运用了他在《〈黑格尔法哲学批判〉导言》中提出的无产阶级伟大革命的原理来考察这次起义。他高度赞扬了西里西亚纺织工人起义的高度理论性和自觉性，说它"一开始就恰好做到了法国和英国工人在起义结束时才做到的事，那就是意识到无产阶级的本质"②。它毫不含糊地、尖锐地反对私有制社会。在起义中，被毁掉的不仅是机器，而且还有账簿和财产契据；它不仅打击工业企业的老板，还打击银行家；这次起义是有计划的，起义工人顽强、勇敢。

马克思还赞扬了德国的无产阶级。他用魏特林的优秀著作为例："只要把德国的政治论著中的那种俗不可耐畏首畏尾的平庸气拿来和德国工人的这种史无前例光辉灿烂的处女作比较一下，只要把无产阶级巨大的童鞋拿来和德国资产阶级的矮小的政治烂鞋比较一下，我们

---

① 马克思，恩格斯. 马克思恩格斯全集：第一卷 ［M］. 北京：人民出版社，1956：480.

② 马克思，恩格斯. 马克思恩格斯全集：第一卷 ［M］. 北京：人民出版社，1956：483.

就能够预言德国的灰姑娘将来必然长成一个大力士。"①
马克思把无产阶级比为童话中的灰姑娘，这是对无产阶
级的力量、前途和使命的形象描述。

**马克思还继续发展了他在《德法年鉴》中提出的关
于政治解放和人类解放的理论，论述了人的本质。工人
起义的最根本的原因并不是政治，而是经济。**马克思指
出："工人自己的劳动迫使他离开的那个共同体就是生
活本身，也就是物质生活和精神生活、人的道德、人的
活动、人的快乐、人的实质。人的实质也就是人的真正
的共同体。离开这种实质而不幸孤立，远比离开政治的
共同体而孤立更加广泛、更加难忍、更加可怕、更加充
满矛盾；由此可见，正像人比公民以及人的生活比政治
生活意义更加深邃一样，消灭这种孤立状态，或者哪怕
是对它进行局部的反抗，发动起义，其意义也是更加深
邃的。"②

值得注意的是，马克思驳斥了卢格关于具有政治精
神的社会革命之类的话，初步论述了社会革命和政权的
关系问题。他说："每一次革命都破坏旧社会，所以它
是社会的。每一次革命都推翻旧政权，所以它具有政治

---

① 马克思，恩格斯. 马克思恩格斯全集：第一卷［M］. 北京：人
民出版社，1956：483.
② 马克思，恩格斯. 马克思恩格斯全集：第一卷［M］. 北京：人
民出版社，1956：487.

性。""一般的革命——推翻现政权和破坏旧关系——是政治行为。而社会主义不通过革命是不可能实现的。社会主义需要这种政治行为，因为它需要消灭和破坏旧的东西。"① 马克思在这里进一步明确提出通过社会主义革命，消灭现政权和旧关系，这是对无产阶级伟大历史使命学说的进一步发展。马克思这里的论述，虽然还比较笼统，比较抽象，但它为建立无产阶级伟大历史使命学说的核心——关于无产阶级专政的理论开辟了道路。

《德法年鉴》出版了一期就停刊了。这固然有财政上的原因，但最根本的原因还是马克思和卢格的分歧。这种分歧，在筹备刊物时已暴露了，而在马克思发表《论犹太人问题》和《〈黑格尔法哲学批判〉导言》，诉诸革命，诉诸无产阶级之后，他同停留在民主改革范围内的卢格，分歧加深，无法继续合作。而在《德法年鉴》停刊后，在如何对待德国西里西亚起义问题上，马克思同卢格展开了一场辩论，并最终导致了决裂。同卢格的决裂，标志着马克思同青年黑格尔派，包括其中激进的一派的决裂。

《德法年鉴》虽然只有一期，但具有重大的历史意义，它宣告了马克思两个转变的基本完成。

---

① 马克思，恩格斯. 马克思恩格斯全集：第一卷 ［M］. 北京：人民出版社，1956：488.

## 参考文献：

［1］列宁.列宁选集：第二卷［M］.北京：人民出版社，1972.

［2］毛泽东.关于正确处理人民内部矛盾的问题［M］.北京：人民出版社，1975.

［3］巴日特诺夫.哲学中革命变革的起源［M］.刘丕坤，译.北京：中国社会科学出版社，1981.

［4］陈先达.马克思和马克思主义［M］.北京：中国人民大学出版社，2006.

［5］靳辉明.靳辉明文集［M］.上海：上海辞书出版社，2005.

［6］欧力同，张伟.法兰克福学派研究［M］.重庆：重庆出版社，1990.

［7］张之沧.西方马克思主义伦理思想研究［M］.南京：南京师范大学出版社，2008.

［8］马克思，恩格斯.马克思恩格斯选集：第三卷［M］.北京：人民出版社，2012.

［9］马克思，恩格斯.马克思恩格斯选集：第四卷［M］.北京：人民出版社，2012.

［10］马克思，恩格斯.马克思恩格斯全集：第二十七卷［M］.北京：人民出版社，1964.

［11］马克思，恩格斯.马克思恩格斯全集：第一卷

[M]. 北京：人民出版社，1956.

[12] 马克思，恩格斯. 马克思恩格斯选集：第二卷 [M]. 北京：人民出版社，1995.

[13] 马克思，恩格斯. 马克思恩格斯全集：第十六卷 [M]. 北京：人民出版社，1964.

[14] 黑格尔. 法哲学原理 [M]. 范扬，张企泰，译. 北京：商务印书馆，1961.

[15] 列宁. 列宁全集：第二十一卷 [M]. 北京：人民出版社，1990.

[16] 张媛. 马克思人的解放思想及其当代价值研究 [D]. 大连：辽宁师范大学，2021.

[17] 郑忆石. 列宁对英国古典政治经济学的辨析 [J]. 贵州省党校学报，2020（3）：5-13.

[18] 徐春华，吴易风. 马克思经济学与西方经济学"加速原理"比较研究 [J]. 当代经济研究，2015（8）：37-44.

[19] 赵丽. 马克思生产关系概念形成的文本分析 [D]. 郑州：河南大学，2011.

[20] 陈童. 论马克思《1844 年经济学哲学手稿》的市场经济观 [D]. 长春：东北师范大学，2008.

[21] 彭五堂. 论马克思唯物主义产权观的形成 [J]. 经济思想史评论，2007（1）：43-56.

[22] 王琼. 马克思生产关系范畴的形成及其方法论

意义［D］．广州：广州大学，2007．

［23］杨卫，杨承训．社会主义与市场经济结合的再认识［J］．中共天津市委党校学报，2006（3）：70-77．

［24］孙承叔．关于马克思交换理论的哲学思考：读《1857—1858 年经济学手稿》［J］．复旦学报（社会科学版），2004（1）：71-77，91．

# 第二章　金融强国的真实意义在于金融安全

在 2023 年中央金融工作会议上，党和国家领导人首次提出，中国要致力于建设金融强国。金融强国具有丰富的内涵，在我看来，金融强国的核心在于金融安全。而金融安全与金融风险、金融稳定密切相关。

## 一、货币金融融通的安全和整个金融体系的稳定因素分析

金融安全（financial security）指货币资金融通的安全和整个金融体系的稳定。金融安全是金融经济学研究的基本问题，在经济全球化加速发展的今天，金融安全在国家经济安全中的地位和作用日益加强。

金融安全是和金融风险、金融危机紧密联系在一起的，既可用风险与危机状况来解释和衡量安全程度，也可用安全来解释和衡量风险与危机状况。安全程度越高，风险就越小；反之，风险越大，安全程度就越低。

危机是风险大规模积聚爆发的结果，危机就是严重不安全，是金融安全的一种极端。

一方面，金融的安全和稳定直接影响到国家的经济和社会的整体发展。如果失去了金融安全，极有可能引起社会动荡。另一方面，金融安全又必须建立在社会稳定的基础上，因为社会不稳定的某些突发性因素往往是引发金融危机的导火索。按金融业务性质来划分，金融安全可划分为银行安全、货币安全、股市安全等，其极端就是银行危机、货币危机、股市危机等。

### （一）概念内涵

为了准确理解金融安全的概念，还需要进一步探讨金融安全与金融风险、金融危机之间的相关性及重要区别。

#### 1. 金融安全与金融风险

金融风险与金融安全有密切的联系，但也存在着重要的区别。金融风险是指金融机构在进行金融交易的过程中，可能遭受损失的危险性。金融风险通常包括：信用风险、市场风险、国家风险。金融风险是金融行为的结果偏离预期结果的可能性，是金融结果的不确定性。金融风险的本质含义是指金融资产损失或盈利的可能性。这种可能性伴随着一切金融活动。只要存在银行业的资金交易活动、存在证券市场的融资和资产价格的变动、存在保险业务，或者说只要有金融活动，就必然存在金融风险。显然，金融风险的存在是经济运行的常态。

金融风险与金融安全密切相关，金融风险的产生构成对金融安全的威胁，金融风险的积累和爆发造成对金融安全的损害，对金融风险的防范就是对金融安全的维护。但是，金融风险与金融安全又相互区别。金融风险主要从金融结果的不确定性的角度来探讨风险的产生和防范问题，金融安全则主要从保持金融体系正常运行与发展的角度来探讨威胁与侵袭来自何方及如何消除。国内一些学者认为金融安全就是没有金融风险的状态，其实，金融风险不一定会导致金融不安全。而现实的状况是如果对金融风险控制得好、运筹得好，那么在广泛的金融风险中也有金融安全的态势。金融不安全并不等于金融风险。因为金融风险是与金融活动相伴的。只要从事金融活动，就存在着金融风险。它的根源在于金融活动所必有的时间和空间的差异。因此，金融风险并不意味着金融不安全。

一般来说，在国际经济活动中，金融风险的大小与该国对外依存度的高低是呈正比例变化的，即对外依存度越低，则该国面临的风险就越小；反之，对外依存度越高，则该国面临的风险就越大，这是经济国际化发展过程中的客观规律，是不以人的意志为转移的。然而，由于金融安全的概念是相对的，只能将一国抗拒风险、抵御侵害的能力作为衡量金融安全程度的标准，也就是说，金融风险的大小、金融安全程度的高低，取决于该国防范和控制风险的能力强弱，即如果防范和控制风险的能力越强，则该国面临的风险就越小、金融安全程度就越高；反之，如果防范和控制风险的能力越弱，则该国面临的风险就越大、金融安全程度就越低。显然，当一国的对外依存度提高，从中获得众多利益、促进其经济发展的同时，也意味着其防范金融风险、抵御外部冲击、维护金融安全的责任和压力的增加。

### 2. 金融安全与金融危机

金融危机是指金融体系和金融制度的混乱和动荡。其主要表现为：强制清理旧债；商业信用剧减；银行资金呆滞，存款者大量提取现钞，部分金融机构倒闭；有价证券行市低落，发行锐减；货币饥荒严重，借贷资金缺乏，市场利率猛烈提高，金融市场动荡不宁；本币币值下跌。

金融危机，即发生在货币与信用领域的危机。在西方经济学中，对金融危机的含义有多种表述，但最有代表性的是著名的《新帕尔格雷夫经济学大辞典》中对金融危机的定义："全部或大部分金融指标——短期利率、资产（证券、房地产、土地）价格、商业破产数和金融机构倒闭数的急剧、短暂和超周期的恶化。"金融危机的特征是基于预期资产价格下降而大量抛出不动产或长期金融资产，将其换成货币。这与金融繁荣或景气时的特征——基于预期资产价格上涨而大量抛出货币，购置不动产或长期金融资产正好相反。金融危机可包括货币危机、债务危机、金融市场危机与银行危机等具体的金融危机。

马克思认为金融危机大多都是经济危机的征兆，金融恐慌是经济危机的初始阶段。金融危机的根源在于制度，即生产的社会性与资本主义私人占有制之间的矛盾。当资本主义的这一基本矛盾达到难以调和的地步时，就会以危机爆发的形式来暂时强制性解决，使社会生产力受到巨大的破坏。信用、货币和金融不过是其中的一个环节而已。

马克思在《资本论》中指出："乍看起来，好像整个危机只表现为信用危机和货币危机。而且，事实上问题只是在于汇票能否兑换为货币。但是这种汇票多数是代表现实买卖的，而这种现实买卖的扩大远远超过社会需要的限度这一事实，归根到底是整个危机的基础。""如果说信用制度表现为生产过剩和商业过度投机的主要杠杆，那只是因为按性质来说可以伸缩的再生产过程，在这里被强化到了极限""信用加速了这种矛盾的暴力的爆发，即危机"。

当然，马克思也并不否认独立金融危机的存在，这是因为货币信用金融活动对于生产活动有一定程度的独立性。信用的过度扩张、银行的迅速发展和投机活动的高涨，都可以导致危机的发生。因此货币危机可以单独发生，金融领域也有自己的危机。

金融安全的反义词是金融不安全，但不是金融危机的爆发。我国有些学者将金融安全的实质描述为金融风险状况，而金融不安全的表现主要是金融风险与金融危机。实际上，金融危机是指一个国家的金融领域已经发生了严重的混乱和动荡，并在事实上对该国银行体系、货币金融市场、对外贸易、国际收支乃至整个国民经济造成了灾难性的影响。它往往包括全国性的债务危机、货币危机和金融机构危机等。这说明金融危机是金融不安全状况积累的爆发结果，它是金融风险的结果。

### 3. 金融安全是动态发展的安全

世界上并没有绝对的安全，安全与危险是相对而言的。例如，对于市场基础良好、金融体系制度化、法律环境规范化且监管有效的一些国际金融中心来说，没有人担心金融工具创新会使银行处于不安全状态；而对于不良资产比例过高、十分脆弱的国内商业银行来说，新的金融工具带来金融风险的可能性就比较高。因此，金融安全应当是面对不断变化的国际国内金融环境所具备的应对能力的状态。

金融安全应当是动态发展的安全状态。这是因为，经济运行的态势是一种连续不断的变化过程，而在这一过程中，金融运行往往处在一种连续的压迫力和惯性之中。在经济快速增长时期，银行会不断扩张信贷，其结果有可能导致不良资产增加；在经济衰退时期，银行经营环境的恶化迫使其收缩信贷，从而又使经济进一步衰退。这种状况可以用现代金融危机理论中的金融体系脆弱性的长波来解释。因此，金融安全是基于信息完全不对称及其反馈机制良好运行的基础，动态均衡，在不断调整中实现。

金融安全是特定意义上的金融稳定。由于金融安全是一种动态均衡状态，而这种状态往往表现为金融稳定发展。但金融稳定与金融安全在内容上仍有不同：金融稳定侧重于金融的稳定发展，不发生较大的金融动荡，强调的是静态概念；而金融安全侧重于强调一种动态的金融发展态势，包括对宏观经济体制、经济结构调整变化的动态适应。国外的学者在研究有关金融危机的问题时，更多地运用金融稳定的概念而较少使用金融安全的概念。

### 4. 金融安全是金融全球化的产物

金融安全是特定历史发展阶段的产物，是金融全球化的产物，更确切地说，金融安全是应对金融全球化负面影响的产物。尽管金融全球化具有促进世界经济发展的积极效应，但不可否认，金融全球化也带来了众多负面影响，金融全球化蕴藏着引发金融危机的风险。在金融全球化的发展过程中，与其相伴的蔓延效应使金融危机迅速扩散，产生巨大的波及效应和放大效应，国际金融动荡已成为一种常态。因此，金融安全问题被作为应对金融全球化的一个重要战略而提出，它已成为国家安全战略的一个重要组成部分。

**金融安全状态赖以存在的基础是经济主权独立。**如果一国的经济发展已经受制于他国或其他经济主体，那么无论其如何快速发展，应当说金融安全隐患始终存在，金融安全的维护也就无从谈起。金融全球化加大了发达国家和发展中国家之间的差距。金融全球化的发展使国际社会日益重视统一标准的制定与实施。由于发达国家掌握了金融全球化的主导权，按发达国家水平制定的规则必然不利于发展中国家，使其难以获得所需的发展资金，从而进一步扩大发展中国家与发达国家之间的差距。国际经济金融中存在着不平等的客观现实，促使一些国家开始关注金融安全。

## （二）影响因素

### 1. 内在因素

一国金融安全状况如何、金融安全程度如何，主要取决于该国防范和控制金融风险的能力与市场的感觉和态度。这种客观上的能力与主观上的感觉和态度是以用于减轻与处理危险的各种相关资源为后盾的。也就是说，金融安全问题的国别差异使各国维护金融安全的能力与信心有所不同，从而影响各国金融安全的因素也就有所不同。但是，从整体上来看，一国维护其金融安全的能力至少受制于内在因素和外在因素的影响。

内在因素是指经济体系本身引起的金融形势恶化，包括实质经济和金融体系本身。

**首先，国家的经济实力**。国际经验表明，如果一国发生金融危机，当局通常都是通过动用各种资源来控制局势、摆脱危机。可动用的资源有行政资源和经济资源。行政资源如动员社会力量、争取国际社会的支持等，但更重要的是经济资源，而且要动用大量的经济资源来进行救助。显然，救助能否顺利实施、缺失的信心能否弥补，都取决于国家经济实力的强弱。

**其次，金融体系的完善程度**。这可以从两个方面理解，一是该国的宏观经济环境是否与金融体系相协调，即金融体系的正常运行是否有良好的宏观经济环境；二是金融体系自身制度环境的完善程度，如金融机构的产权制度状况、治理结构状况、内部控制制度状况等。

**2. 外在因素**

**首先，在国际金融体系中的地位**。一国在国际金融体系中的地位极大地影响着其维护金融安全的能力。如该国的货币是否为主要国际储备货币，该国是否拥有制定国际金融规则的主导权。从西方主要发达国家的情况来看，它们不仅拥有相当健全的金融体系，而且在国际金融体系中占据主导地位，从而对国内金融市场和国际金融市场都具有极强的控制操纵能力，维护金融安全的资源极为丰富。这些发达国家即使金融安全发生了问题，多数时候也不会扩展为全局性的金融危机，金融仍可以维持稳定发展。与发达国家的状况相反，发展中国家在国际金融领域处于劣势，无力改变甚至难以影响国际金融市场，而且其发育程度低的内部金融市场和脆弱的金融体系往往受到来自发达国家的金融资本的控制。因此，对于大多数发展中国家来说，如果金融安全发生了问题，往往会危及金融体系和金融制度的稳定，甚至还会危及经济社会安全。

**其次，国际游资的冲击。**来自一国经济外部的冲击，特别是国际游资的冲击将有可能成为引发金融体系不安全的直接原因。从近年来爆发的金融危机来看，国际游资通常都是将已经出现明显内部缺陷的国家或地区作为冲击的首选目标，特别是那些短期外债过多、本币汇率严重偏离实际汇率的国家或地区往往首当其冲。国际游资通常采用的手法是：同时冲击外汇市场和资本市场，造成市场短期内的剧烈波动，实现投机盈利。在国际游资的冲击下，市场的剧烈波动必然影响投资者的市场预期和投资信心，这样就有可能出现市场恐慌，导致资本大量外逃，其结果是汇率和股票价格的全面大幅度下跌。为了挽救局势、捍卫本币汇率，中央银行往往采用提高利率的方式吸引外资，从而进一步打击国内投资、恶化经济形势，使本国经济陷入恶性循环。东南亚一些国家在亚洲金融危机中的情况基本上符合这一过程。

### （三）监测与预警

#### 1. 金融运行基本态势判断

金融安全既包括金融体系的安全（例如金融机构的安全、金融资产的安全等），也包括金融发展的安全。金融安全要求的是一种宏观整体上的安全，金融安全是动态发展的安全状态。正如有些学者指出的，如果有几家金融机构在竞争中破产倒闭就认为金融不安全，是以偏概全；如果在某一时点上出现了暂时的金融困难，就认为是金融不安全，同样也是小题大做。从金融运行来看，金融安全只是其中的一种客观状态和主观能力状态。金融安全的对立面就是金融不安全，临界于金融安全与金融不安全之间的就是金融基本安全，而金融危机则是金融不安全状况积累的爆发结果。

金融安全，无明显风险：各项风险指标均在安全区内，金融市场稳定，金融运行有序，金融监管有效，金融业稳健发展。

金融基本安全，轻度风险：金融信号基本正常，部分指标接近预警值；不良资产占总资产比重低于 10%；有金融机构倒闭，但所占比重很小；货币有贬值的压力；金融市场/体系运行平稳。

金融不安全，严重风险：大部分金融指标恶化；大多数金融机构有程度不同的不良资产问题，不良资产占总资产比重超过 10%；有较多的金融机构倒闭；货币较大幅度贬值；金融动荡、经济衰退。

金融危机、风险总爆发是金融不安全状况积累的结果。严重的货币危机和银行危机，货币大幅度贬值、大批金融机构倒闭、金融崩溃、经济倒退、社会动荡。

金融运行的四种基本态势在 1997 年爆发的亚洲金融危机中表现得淋漓尽致：一是金融危机，在此期间印度尼西亚爆发金融危机，金融动荡波及了政治领域，导致政局动荡、经济倒退和社会动荡。二是金融不安全，亚洲金融危机爆发之前的泰国、韩国和日本等国的金融运行状况就是典型的金融不安全。三是金融基本安全，在此期间我国虽然面临人民币贬值的压力，但经济金融状况基本良好。四是金融安全，在此期间美国经济运行保持良好态势，失业率、消费物价指数处在低水平，金融体系稳定。

## 2. 监测与预警的基本方法

由于对金融安全监测预警系统的研究有较大的难

度，国内外尚无完整的、准确性较高的研究成果，初步的研究成果主要有：

（1）信号分析法

该方法主要是以金融安全状态转化的机理为切入点，研究影响金融安全的各种因素，考察其变化规律，分析导致一国金融不安全或金融危机的因素，据此制定应对策略和措施。

信号分析法首创于 1997 年，后经逐步完善，已成为当今世界最受重视的金融安全预警理论。该理论的核心思想是：选择一系列指标并根据其历史数据确定其临界值，当某个指标的临界值在某个时点或某段时间被突破，就意味着该指标发出了一个危机信号；危机信号发出越多，表示一个国家在未来 24 个月内爆发危机的可能性就越大。

在信号分析法这类方法中，典型的做法是建立计量经济模型，试图用模型将金融安全状态的转化为一组变量变化的结果，并且认为可以找到不同的安全状态和这些变量之间的量化关系。典型的模型有 Frankel 等人的 probit 模型或 logit 模型，以及 Sacha、Tornell 和 Velasco 等人的横截面回归模型。由于金融系统本身的复杂影响关系以及经济结构的不断变化，传统计量经济学模型在预测方面的作用变得十分有限。就实际效果来看，这两套模型对 1997 年爆发的亚洲金融危机都没有做任何预警。

用传统计量经济学模型预测金融危机的思路是无效的，对此理论界已基本达成了共识。我们认为，信号分析法能够在事后判断对一国金融安全构成威胁的主要原因，从而有利于管理者制定相应的对策。但是，由于信号分析法不能给出量化的标准，就难以预测危机何时发生。而且，市场信心在决定金融安全状态转化过程中扮演着重要作用，同样的金融事件，由于人们的市场预期的差异，在不同国家很可能形成截然不同的结果。因此，信号分析法用于预测的作用是十分有限的。

（2）概率分析法

该方法有两种类型：一是并不考虑促成金融安全状态转化的具体因素和机理，只是根据历史上各种安全状态下某些经济指标的表现，制定一套指标，并通过一定的方法构造出度量总体风险程度的综合指标；二是利用模糊类比的方法，通过与历史数据相比较，对现实经济及金融运行情况进行监测和预警。前者的代表是卡明斯基（Kaminsky），后者的代表是刘遵义。值得一提的是，刘遵义的模糊类比法（或称为主观概率法）因比较成功地预测了亚洲金融危机而受到重视。在概率分析法中，通常是根据一国的历史观察值或国际公认标准，拟定一系列安全状态临界值。对处于某个临界范围内的指标赋予相应的警戒值，并根据各个指标对一国经济安全的影响程度来确定权重。将所有这些指标的警戒值加权平均，即可以构造反映整体安全态势的综合指标。同样，由此可以得出综合指标的临界值表。根据计算出的综合指标，即可判断一国金融体系的安全状态，并可借助一定方法计算发生危机的概率。选择合适的指标是建立可靠的概率分析预警系统的关键。这些指标必须能对各种影响金融安全的因素做出迅速、准确的反应。传统的概率分析只借助可以量化的指标，所以在具体应用时，一般是与情况比较接近，并且发生过金融安全问题的国家进行比较。实际上，这种情况包含了大量定性描述的信息。例如 1997 年刘遵义在比较了亚洲国家和墨西哥发生危机时的 10 项指标之后（这 10 项指标是：实际汇率、实际 GDP 增长率、相对通货膨胀率、国际国内利率差、国际国内利率差变化、实际利率、国内储蓄率、国际贸易差额、经常项目差额及外国组合投资与外商直接投资比例），成功地预测了亚洲金融危机。概率分析法可以明确指出在何种情况下发生危机的概率有多大，可以及时发出预警信号。但是它也存在着缺陷，不能直接给出引致某些指标恶化的原因，难以据此提出应对策略，而且比较的标准是历史数据，对于新问题缺乏敏感性。但概率分析法在量化研究方面具有一定的优势，因此其成为应用最为广泛的方法。

维护金融安全需要先进的监测预警系统。因为随着金融全球化的发展，金融市场日趋复杂，要从错综复杂的金融环境中梳理出对金融运行整体局势有决定性影响的因素及其脉络绝非轻而易举。但是，概率分析技术过多地依赖量化指标，不能包含充分的市场信息，而且对金融安全影响重大的诸多因素中，还有许多因素是无法直接量化的，例如文化、心理承受能力等因素。刘遵义教授的预测之所以取得了较好的效果，是因为东南亚国家的经济发展阶段和开放程度与某些拉美国家有较多相似之处，许多定性指标能够用参照物替代。但是，在研究对象比较特殊的情况下，难以找到在各方面都很相似的参照国。例如，我国的经济体制与经济结构都处于转型阶段，如果单纯用量化指标就不可能对金融安全状态做出有效的预警。因此，在金融安全监测预警指标体系中引入更多的定性描述信息就显得十分必要。

### （四）金融安全问题

现阶段，我国金融安全的形势仍然不容乐观，下面对重要的若干因素进行分析：

### 1. 资本的非法流出流入对我国金融安全的负面影响

对外开放促进了我国经济、金融国际化的发展，对外依存度的提高表明我国利用国际资源和国际市场的水平有了很大的提高，我国参与国际分工和国际竞争的能力进一步增强，从而为提高我国国民经济的总体水平发挥了极其重要的作用。

但是，作为发展中国家，我国在对外开放过程中，有很多因素对我国的金融安全造成了严重的负面影响，其重要表现就是资本的非法流出流入。这对我国正常的金融秩序造成了不利的影响，增加了宏观金融调控的难度，降低了货币政策的有效性，容易造成金融泡沫、增加金融风险。

### 2. 经济全球化对我国金融安全造成的风险

在经济全球化趋势下，我国传统金融企业的落后运营模式在同国外先进的金融营运模式的竞争中明显处于劣势，而且现有的宏观调控手段也很难达到一体化经济发展的要求。因此，我国的经济、金融对外开放是一项复杂的系统工程，应在大力提高国内宏观经济、金融调控能力的基础上循序渐进。

### 3. 加入世界贸易组织对我国金融安全的挑战

我们要充分认识到对外开放金融市场对我国金融业产生的压力和冲击。一是尚未完全走向企业化经营的国有商业银行尽管其分支机构众多，但它们在服务质量、工作效率、经营能力、技术条件等方面无法与发达国家实力雄厚的大银行相竞争，一旦允许外资银行大量进入并放开人民币业务的限制，大型国有商业银行将面临一些优质客户流失的严重问题。二是在金融开放条件下，市场利率必然要取代非市场利率，现行的非市场化汇率决定机制也必将面临考验。三是随着货币市场、资本市场和外汇市场的不断开放，资本的自由流动将给我国经济、金融宏观调控和金融监管带来许多难题，大量短期资本的流入和流出会对我国的金融安全构成极大威胁。

## 4. 资本账户开放对我国金融安全的冲击

加入世界贸易组织后，我国对资本转移限额的要求必将放宽，对外商企业属于资本项目的外汇收支管制将放松，对居民在国外持有的外汇资产额度管制也将放松。这些无疑都会增加资本账户管理上的难度：一旦长期资本大量流入，迅速增加的资源不能得到有效配置和利用，再加上体系流动性的增加，会刺激金融资产价格过度上涨，进而促使经济泡沫化，最终导致整个金融体系脆弱化甚至崩溃。

## 5. 国际游资对我国金融安全的影响

据国际货币基金组织估计，每天国际金融资产交易量约为贸易交易量的 80 倍。带有游资性质的短期资本已经超过 10 万亿美元，每天有近 1 万亿美元的游资在全球资本市场上寻找"归宿"。在我国，由于金融法规还有待健全、安全监管能力还不足以应付外界风险，因此，一旦大量的国际游资冲击我国金融市场，势必造成金融秩序的混乱，引发金融恐慌。

## 6. 网络金融对我国金融安全提出新课题

随着全球计算机科技的迅猛发展，网上银行、网上金融已经成为现实。在国际互联网上，银行与客户可以不用见面便能完成日常业务往来，它消除了时间和地域的差异，改变了传统的金融业务运作模式，提高了服务质量和效率。但同时也应看到，具有开放性质的互联网，其安全程度正日益受到来自各方面的威胁。近些年，世界上很多国家的网上银行系统都受到了不同程度的侵袭，这些事实都清楚地告诉我们，越是高新技术，越存在受到侵扰甚至瘫痪的隐忧。

我国的网上银行业务处于刚起步阶段，各项风险防范措施尚不完善。网上银行支付系统、信用卡系统、结算系统等多个重要的银行业务系统随时面临着被不速之客袭击破坏的风险。我国引进了先进的网上金融技术，但配套的风险防范制度和安全预警系统还需要和国情逐渐结合，在这期间，金融安全问题尤为重要。

### 7. 金融装备落后的重大隐患

金融装备落后、国产化程度低是我国金融安全的重大隐患。

首先，我国银行金融电子化的平台大部分从国外引进，从根本上说是不安全的。我们可能过多地注重电子化所带来的收益和便捷，但往往容易忽视我们所使用的电子化平台大部分是从国外引进的。由于这些平台软件并未公开源代码，其风险防范能力强弱便无从得知。其次，我国金融电子设备的核心技术大都是从国外引进的，金融安全的基础极为脆弱。我国在发展金融电子化的过程中，和其他行业的设备引进过程一样，提出"以市场换技术"，但在金融电子化的过程中，无论是整个金融系统内的操作平台，还是电子支付系统等核心技术，对国外技术的依赖性都越来越大，这种结果导致我国金融安全的基础极其脆弱。造成这种后果的原因在于，在金融设备引进的过程中，一直是对消费行为的引进。一般是各大银行和金融机构直接引进，故他们关注的是消费技术，而不是研制开发和设备技术。因此，我们没有像汽车制造业等行业那样，扶持起自己的金融设备研制开发和生产力量。

### 8. 金融监管还不能完全适应我国金融安全的需要

从我国经济、金融国际化进程的实际情况来看，我国金融监管的能力还不能完全适应对外开放的需要。金融监管的组织机构、人才队伍、技术手段等都还与现代金融监管的要求有差距。金融监管制度、监管水平还不完全适应我国金融安全的需要。

### 9. 金融法治建设与保障我国金融安全的要求不完全适应

金融法律、法规是我国实施金融监管、保障金融安全的法律依据，也是金融监管规范化、法治化的根本保证。近年来，我国颁布了《中华人民共和国中国人民银行法》《中华人民共和国商业银行法》《中华人民共和国保险法》《中华人民共和国证券法》等一系列金融法律，在实践中起到了积极作用。但我国金融立法任务仍然很重，在某些立法方面明显滞后，同我国的金融改革和保障金融安全的要求还不完全适应。从各国金融实践看，随着全球以金融自由化、国际化、一体化为特征的金融变革不断发展，各国在金融立法上尤其重视监管力度和尺度的把握。亚洲一些新兴国家在发展过程中，没有意识到要借助法律手段和力量、在利率自由化和开放国内金融市场的基础上强调有效监管，整个国家经济缺少必要的"防火墙"，暴露出金融法制尤其是监管法规上的严重缺陷，这些缺陷在遭受冲击时暴露无遗，成为引致整个金融危机的机制性因素。我国在发展过程中，必须正视这一问题，通过大力加强金融立法，实现金融有效监管，规避机制性风险，保障金融安全。

## （五）研究对策

鉴于我国在金融安全领域存在的问题及国际上的经验教训，我们对金融安全问题必须超前研究对策，做到趋利避害。

### 1. 成立专门金融安全研究和决策机构，制定金融安全政策和标准

由于金融安全关系到我国的经济安全甚至国家安全，因此保障金融安全的工作应得到国家的高度重视。要在对国内外、本外币市场进行充分研究分析后，制定

出切合实际的金融风险防范措施和金融安全政策，用国际化的标准来衡量执行的情况。只有这样，我国的金融安全工作才能顺利开展。

## 2. 加大投入，研究开发金融电子化的软件平台和金融电子设备的核心技术，提高金融装备的国产化水平，夯实金融安全的基础

针对我国金融电子化的软件平台和金融电子设备的核心技术完全依赖国外进口的现状，我国在注重金融安全的过程中，应加大这方面的投入。通过扶植自己的技术力量和生产能力，提高金融装备、尤其是核心设备的国产化水平，真正夯实我国金融安全的基础。

## 3. 加强金融安全法治建设，提高金融监管机构监管水平，及时消除金融安全隐患

东南亚金融危机给了我们深刻的教训，那就是：此次金融危机尽管起源于外部的货币投机冲击，但是从根本上讲是一次自源性危机。它是货币危机、银行体制危机、债务危机、清偿力危机的综合表现。而金融安全法治建设的落后，正是这次金融危机的根源所在。因此，在经济全球化的今天，我国应加强金融法治建设，健全、完善金融法律体系，逐步形成有法必依、违法必究、执法必严的金融规范化、法治化环境，尽快改变金融市场法律、法规不全，某些重要金融活动无法可依的现象，同时还应加强研究法律、法规的可操作性问题。

理顺政府与企业和银行的法律关系，加快行政体制改革和银行管理体制改革。要强化金融执法问题。坚决执行市场准入、从业资格和分业经营等制度。要赋予国家金融监管机构应有的权力，并使之在运作上保持独立性。必须充实金融执法队伍，提高金融执法人员的素质。严厉惩治金融犯罪和违法、违规活动，采取有力措施，坚决遏制大案、要案上升的势头。

我国要加快建立和完善市场经济条件下的金融监管制度，借鉴《巴塞尔协议》，强化金融监管。在监管对象上，由侧重于对银行机构的监管转变为对所有金融机构的监管；在监管范围上，由针对性监管转变为全方位监管；在监管方式上，由阶段性监管转变为持续性监管，从以一般行政性监管为主转为以依法监管为主，从注重外部监管转为注重金融机构内部控制；在监管手段上，由现场检查为主转变为以非现场检查为主；在监管信息上，由注重报表数字的时效性转变为注重报表数字的真实性；在监管内容上，从注重合规性监管转向注重风险性监管。

**4. 不断深化金融改革，建立适应我国国情的有序金融对外开放格局，既适应经济全球化、金融自由化的世界潮流，又确保金融安全和国家利益不受损害**

经济全球化是世界潮流。对于我国来说，一方面，不能放弃参与全球化进程的机会和权利，要积极参与建立国际金融体制和世界经济新秩序，促进自身的发展；另一方面，要高度重视经济全球化的负面影响，增强防范和抵御风险的能力。为此，我们要进一步深化金融体制改革，加大改革力度，逐渐建立适应国情的对外开放格局，建立适应社会主义市场经济体制的新型金融体制。要完善宏观调控手段和协调机制，建立和健全多层次的金融风险防范体系，加强对金融风险的控制。不断深化金融改革，使我国在金融开放过程中能尽快适应国际新规则，同时又可以有效地降低因金融风险而造成的经济损失。

## 二、推动金融高质量发展，必须做到"八个坚持"

根据习近平总书记在中央金融工作会议上的要求，必须根据"八个坚持"推动金融高质量发展、加快建设金融强国。

习近平总书记在中央金融工作会议上指出，"当前和今后一个时期，做好金融工作必须坚持和加强党的全面领导"，"以加快建设金融强国为目标，以推进金融高质量发展为主题"。这为新时代新征程金融发展指明了方向，是金融工作的总纲，纲举才能目张。我们要认真学习好、领会好、贯彻好。

## （一）充分认识推进金融高质量发展、加快建设金融强国的重大意义

习近平总书记强调，国家兴衰，金融有责。金融是"国之大者"，关系中国式现代化建设全局。从历史经验来看，大国崛起离不开强大金融体系的支撑。当今世界，金融是大国博弈的必争之地，金融对强国建设的作用更加凸显。

**其一，构建新发展格局需要推进金融高质量发展、加快建设金融强国。**金融是现代经济的血脉，血脉通，国内大循环才能畅通、才会可靠，国际循环才能有更高质量和更高水平。金融要发挥优化资金配置的关键作用，畅通金融与实体经济、金融与房地产、金融体系内部等循环，把更多金融资源配置到扩大需求、改善供给的重点领域和关键环节，更好发挥金融在基础设施建设、扩大最终消费、提升供给质量和效率等方面的积极作用，加快金融供给侧结构性改革，提高直接融资和中长期融资比重，支持科技创新、产业结构调整和优化升级。

**其二，加快发展新质生产力需要推进金融高质量发展、加快建设金融强国。**新一轮科技革命和产业变革正在全球范围内展开，对金融提出更高要求，必须以强大的金融有力支撑科技与产业创新。关键技术攻关和高新技术产业化需要金融有效"输血供氧"，用差异化的金融服务满足处于不同生命周期企业的需求，支持其实现

从研发到量产质的飞跃。同时，金融自身也要通过科技赋能提升服务实体经济的质效。

**其三，经济社会全面绿色低碳转型需要推进金融高质量发展、加快建设金融强国。**实现"双碳"目标需要投入大量资金，预计 2060 年前，相关资金需求将超过100 万亿元。如此巨大的资金需求需要金融系统大力参与，更需要创新金融支持方式和工具。我们必须构建完善的绿色金融体系、推动绿色金融产品创新，加快发展碳市场、碳金融，以市场化方式引导和撬动更多资源流向绿色低碳领域。

**其四，实现全体人民共同富裕需要推进金融高质量发展、加快建设金融强国。**共同富裕是社会主义的本质要求，是中国式现代化的重要特征。金融在提高资源配置效率、创造高收入就业机会、促进居民财产保值增值等方面扮演着重要角色。我们必须大力发展普惠金融，创新小微金融服务模式，丰富金融市场投资工具和产品，使人民群众能够通过高质量金融服务增加收入和财富，使经济发展成果更多更好地让全体人民共享。

**其五，促进人口高质量发展需要推进金融高质量发展、加快建设金融强国。**当前和今后一个时期，我国人口老龄化程度将进一步加深。在长寿时代，我们需要更好地发挥金融作用，满足促进养老金积累增值、支持养老产业和银发经济发展、服务老年人等诸多需求。我们必须建立健全适合我国国情的养老金融体系，促进多支柱养老保障体系发展，积极应对人口老龄化。我们要创造有利于稳定生育水平、提高人口质量的金融环境，有效支持人口高质量发展。

## （二）科学把握推进金融高质量发展、加快建设金融强国的基本要求

习近平总书记阐明了中国特色金融发展之路的基本内涵，概括为"八个坚持"，明确推进金融高质量发展、加快建设金融强国的根本要求。

**坚持**党中央对金融工作的集中统一领导。只有加强党中央集中统一领导，才能把我国的政治优势、制度优势转化为金融治理效能，更好防范化解风险，提供优质金融服务。这也是做好金融工作的根本保证。

**坚持**以人民为中心的价值取向。金融工作具有鲜明的政治性和人民性，中国特色金融必须立足于为广大人民服务，为国家重大战略、中小微企业和"三农"服务，为重点领域、薄弱环节、弱势群体服务。

**坚持**把金融服务实体经济作为根本宗旨。金融起源于为生产活动提供资金融通，要始终坚守为实体经济服务的初心使命，以金融高质量服务促进经济高质量发展，形成良性循环。

**坚持**把防控风险作为金融工作的永恒主题。金融是

管理风险的行业，又具有杠杆效应和内在脆弱性，做好金融工作要始终绷紧防控风险这根弦，不能有丝毫松懈大意。

**坚持**在市场化法治化轨道上推进金融创新发展。金融创新发展对市场环境和法治环境有极高要求，需要充分发挥市场在资源配置中的决定性作用，更好发挥政府作用，加强法治建设。

**坚持**深化金融供给侧结构性改革。这就需要着力打造现代金融机构体系和市场体系，处理好直接融资和间接融资、股权融资和债权融资等的关系，提高金融服务实体经济的质效。

**坚持**统筹金融开放和安全。金融既要开放，又要安全。我们要稳步扩大金融领域制度型开放，建设国际金融中心，切实提升开放条件下的金融监管能力，织密织牢金融安全网。

**坚持**稳中求进工作总基调。这是治国理政的重要原则，更是做好金融工作的基本方法。我们在货币政策、金融监管、风险处置等方面都要把握好稳中求进的基本要求，确保金融发展行稳致远。

## （三）扎实有力推进金融高质量发展、加快建设金融强国

习近平总书记提出，金融强国应具有"六个强大"

的关键核心金融要素，即拥有强大的货币、强大的中央银行、强大的金融机构、强大的国际金融中心、强大的金融监管、强大的金融人才队伍。我国已经是金融大国，但要建成金融强国还有很长的路要走。我们要围绕六大关键核心金融要素，加快构建中国特色现代金融体系。

## 拓展

### 金融安全问题——接受《金融时报》采访答记者问
#### （2006 年 4 月 10 日）

**记者：** 我国国有商业银行的股权分置改革引进国外战略投资者引起了国内社会各界的关注，有人特别担心国家的金融安全，请问曾教授您怎么看？

**曾教授：** 经济的发展，金融制度的改革，关注金融安全是理所当然的。我是个教师，也是个理论工作者，在直接回答您提出的这个问题以前，我认为需要在理论上弄清一个概念：金融安全的含义怎么规范？或者说，什么是金融安全？金融安全有丰富的内涵和深刻的含义：它包括防范金融风险、金融危机；防范金融领域的盗窃、诈骗、贪污、挪用；杜绝金融工作岗位上的失职行为；反逃汇和非法套汇、反假钞、反洗钱等。我这样讲，旨在表明：即使不引进国外战略投资者，也存在金融安全问题。

一个区域乃至一个国家的金融是否安全应以以下指标去衡量：①人们持有的金融资产的价值（包括货币）不遭到损失；②社会金融秩序能得到维护；③金融机构能正常运转；④国家政权不受到金融威胁。

**记者**：曾教授，您说得很有道理，现在人们关心得更多的是国家的金融安全，能不能请您在这一方面进一步阐述？

**曾教授**：可以。所谓国家的金融安全，简单地说，就是金融领域存在的问题，导致国家政权受到威胁。国家政权怎样受到威胁呢？

（1）物价涨跌影响收入分配，收入分配影响民心。国民党政府垮台，就是恶性通货膨胀，民心向背。在20世纪亚洲金融危机中，印度尼西亚苏哈托倒台，也是物价飞涨，不得人心。

（2）资产价值特别是国有资产的价值高低关系着政权的经济基础。资产的价值是以货币衡量的，货币贬值是对资产的掠夺。在开放的条件下，某一个国家货币贬值使资产价值下跌，另一国家的人能够将其收购。在美元贬值、日元升值的情况下，有利于日本人收购美国的资产；相反，则有利于美国人收购日本的资产。当一国的资产被别人收购，就丧失了政权的经济基础，特别是国有资产。

（3）市场由谁占领，关系着人们经济生活的正常、稳定。在市场经济条件下，人们的衣食住行都要靠市场，市场是经济生活的供给者，供不供给，供给什么，供给多少，什么空间、时间范围内供给，按什么价格供给，都影响着每个家庭的生活安排。如果这个市场由别有用心的人掌握，他就可能制造混乱，让政府难以维持。

结合金融领域来说，在人们富裕起来的情况下，人们的资产选择要靠市场，市场是金融商品的供给者；同样，供不供给，供给什么，供给多少，什么空间、时间范围内供给，按什么价格供给，都会影响到每个人的资产选择。如果这个市场被投机者操纵，则可能带来混乱，让政府难以维持。

要知道，金融能使你成为"暴发户"，也能使你瞬间变成"穷光蛋"；金融能使你立刻成为债权人，也能使你迅速变成债务人。

（4）外汇汇率的变动，关系着政府对外的清偿力。20世纪末，俄罗斯发生金融危机的事例，充分表明了这一点。

**记者：**曾教授，您这一席话，站得比较高，能拓展人们的视野。现在人们关心的是，引进战略投资者影响国家金融安全，在这一点上请您发表意见。

**曾教授：**引进战略投资者会不会影响金融安全。我曾发表过意见（详见《财经科学》2006年第1期），在这里，重申我的看法。

金融安全是一个有着多重意义的复合性概念。影响金融安全的首要因素是经济周期，而不是金融机构的运作。在对外开放、经济全球化、金融一体化的条件下，金融安全很大程度上取决于外因，而不是内因。因此，讨论引进战略投资者会不会影响金融安全，必须关注世界经济的格局、经济周期的变动和我国的开放度。有的文章中提出"根据外资金融机构常用的策略，可以模拟出它们在中国本土攻城策略的基本路线图"，即所谓的八个步骤。我认为这是有条件的，重要的条件是货币的国际化程度和资本市场的开放程度。所以，这样的基本路线图只具有可能性，没有必然性。进一步说，引进战略投资者是否影响金融安全，要研究外资金融机构对宏观经济、信贷供给、就业创造、金融服务水平、市场与竞争的垄断程度的影响，等等。从匈牙利、新西兰、卢森堡、韩国、新加坡等国家和中国香港等地区的经验来看，相关影响差异很大。外资银行渗透程度高，与本土经济一体化的程度高，反而有动力维护该国经济稳定。事实上，在20世纪末的亚洲金融危机中，大量撤资的并不是外资银行，而是其他机构和个人掌握的"热钱"。

**记者**：您说影响金融安全的首要因素是经济周期，而不是金融机构的运作，这是您的独到见解。但现在人们主要是针对引进战略投资者后金融机构的运作来讲金融安全的，比如，金融信息被别人掌握，不利于自主竞争；别人参股、控股商业银行做出不利于发展我国民族经济的决定；利率、汇率和其他金融产品的价格受到别人的操纵冲击，不利于资金流动等，对这些问题您怎么看？

**曾教授**：这些是比较具体且涉及因素较多的问题，不能把这些问题的存在，简单地归咎于引进了战略投资者。

（1）金融信息被别人掌握的问题。在信息技术高度发达的今天，信息（包括金融信息）是容易被别人掌握的：其一，人们能够通过互联网收集、整理、加工、转让信息；其二，有关国际组织要求有关国家定期如实报告信息；其三，现在国内外不少机构（包括金融组织）专门在研究信息。在这种情况下难以封锁信息。但话说回来，每一个国家为了自身利益也需要对那些应该公开、公正、透明的信息有所保留、有所防范。国外如此，我国也不例外。就拿股份制商业银行来说吧，一旦在海内外上市后，必须向证券交易所和监管部门定期报送有关信息，并向投资者和社会公众公开，但按国际惯例或有关规定，可以对其中的某些部分（如关系着军事机密和国防安全的那一部分信息）进行保密或做技术上的处理，也就是说不直接公示。这可以说是不言而喻的，彼此心知肚明，相互机会均等。

（2）别人参股、控股以后是否做出不利的决定，这要看别人有多少话语权。按我国现阶段的政策，战略投资者的话语权是有限的。再说，别人到我国来主要是占领或部分占领中国金融市场。金融市场的发展要靠经济的增长和发展，其中包括中国的民族经济，所以，如果限制中国民族经济的发展，对其自身有多大的好处呢？

必须指出的是：当前在我国限制中国国民经济发展的主要因素不在于金融运作，更不在于引进战略投资者，而在于技术特别是尖端技术由谁来掌握、推进。在我国现阶段一些领域，外资经济占据了优势，它们掌握和控制了先进技术、尖端技术。为什么要强调"自主创新"，强调建立"创新型国家"？我认为就是要从技术创新方面振兴发展民族经济。

（3）利率、汇率和其他金融商品的价格被别人操纵、冲击问题，这主要取决于经济、金融实力和政治博弈，把这个问题简单地归咎于引进战略投资者是欠妥的。我国是经济大国，是经济持续增长的国家，经济金融实力已经增大、正在增强，加上政府对经济、金融强有力的调控和干预，别人想在资金和金融商品上做文章，也是不容易的。

**记者**：您说得具体、深刻、切合实际，但人们的担心也是有道理的。

曾教授：我不是说人们的担心没有一点道理。人们的担心说明他们关心我国金融事业的发展，提醒管理层和决策者不要上当受骗，这是广大理论工作者、实际工作者的爱国心、责任心的集中表现，是值得倡导的。要让学术界和实际工作者充分发表意见，管理层和决策者就要兼听则明，这是我国民主制度推进的表现。今天邀请我来讨论，我很荣幸，也很高兴。不过要说明一点：有一些人之所以担心是因为他们不熟悉甚至不懂金融。经典作家说银行是绝妙的机关。现在看来其中绝妙的学问，不仅需要专家掌握而且需要适当地进行宣传普及。

## 参考文献：

［1］百度百科. 金融安全［EB/OL］.（2007-08-19）［2024-10-19］. https://baike.baidu.com/item/%E9%87%91%E8%9E%8D%E5%AE%89%E5%85%A8/6845416.

［2］王元龙. 中国金融安全论［M］. 北京：中国金融出版社，2003.

［3］张体魄. 关于金融安全的理性思考［J］. 党政论坛，2013（2）：25-27.

［4］彭军娥. 区域金融风险预警指标体系研究［D］. 长沙：湖南大学，2008.

［5］韩祎. 利用外资与国家金融安全研究［D］. 南

昌：南昌大学，2008.

[6] 王元龙，曹雪峰. 中国银行业改革开放与金融安全 [J]. 河南金融管理干部学院学报，2006 (3)：9-15.

[7] 吴日昇. FDI 与维护国家金融安全研究 [D]. 南昌：南昌大学，2006.

[8] 王倩倩. 金融全球化对发展中国家金融安全的影响 [D]. 上海：华东师范大学，2005.

[9] 许传华，支州. 建立金融安全区的宏观思考 [J]. 武汉金融，2001 (2)：58-62.

[10] 刘妍. 提升中国金融安全的对策：基于国际金融危机的反思 [J]. 经济研究导刊，2011 (9)：85-87.

# 第三章 怎样做好"五篇大文章"

中央金融工作会议鲜明提出，要做好科技金融、绿色金融、普惠金融、养老金融、数字金融"五篇大文章"，擘画出现代金融体系的一幅多维度图景，为金融强国建设指明了方向。未来中国金融工作的重心之一，就是引导中国金融资本更多地投入科技创新领域，加快形成新质生产力，不断推动经济高质量发展。

作为"五篇大文章"之首篇，把科技金融排在首位，既体现出中央层面对科技的高度重视，也体现出金融服务科技的历史使命。科技是第一生产力，无论是新兴技术的研发，还是科技成果的转化或现代化产业体系的建设，都需要金融强有力的支撑。找准金融与科技的结合点，提升金融服务于科技的质效，推动"金融—科技—产业"的良性循环，是做科技金融这篇大文章的重要发力点。

什么是"科技金融"？具体地说，科技金融由四大要素构成：①能凝聚先进的劳动力；②能使用先进的劳动设备；③能作用于先进的劳动对象；④能产出先进的劳动产品。概括地说，科技金融就是运用创新的、先进的金融手段，提供高效的金融服务，实现高质量的资源配置，创造高质量的社会财富。换句话说，科技金融就是要以科技金融为牵引，以形成新质生产力为目标，推动经济社会的进步和发展，大力丰富社会财富，实现公平正义的财富分配，以人民为中心享有，共同富裕的金融。

## 一、牢牢把握金融服务实体经济的根本宗旨

实体经济是金融的根基，金融是实体经济的血脉，两者共生共荣。建设金融强国，必须牢牢把握金融服务实体经济的根本宗旨，完整、准确、全面贯彻新发展理念，深化金融供给侧结构性改革，积极服务国家重大战略实施，提升服务实体经济的质效，促进经济社会高质量发展。重要着力点是按照中央金融工作会议的要求，做好科技金融、绿色金融、普惠金融、养老金融、数字金融"五篇大文章"。

科技金融任重道远，需迎难而上。科技金融是促进发展新质生产力，以科技创新引领现代化产业体系建设的重要支撑。2010 年，党的十七届五中全会明确提出"促进科技与金融结合"。科技部和中国人民银行等部门于 2011 年和 2016 年分两批开展促进科技和金融结合试

点。2021 年以来，国务院先后批准山东济南、长三角五市和中关村示范区建设科创金融改革试验区，探索科技与金融融合的新路径、新模式和新机制。2022 年，中国人民银行设立科技创新再贷款，引导金融机构加大对科技创新的支持力度，撬动社会资金促进科技创新。总体来看，我国科技金融的服务主体以银行为主，直接融资市场支持科技创新与科技企业的功能还比较薄弱，特别是与科技创新特点相匹配的风险投资市场还不成熟，为科技型企业提供全链条、全生命周期金融服务的金融服务体系还很不完善。

在这种状况下，走中国特色金融发展之路，既要有正确的立场、思考和战略，也要有正确的策略和方法。稳中求进工作总基调是治国理政的重要原则，也是做好经济工作的方法论。

## 二、坚持稳中求进工作总基调

我们要深入理解这一总基调的科学内涵。"稳"是大局和基础，该稳的要稳住。金融必须"稳"字当头，大方向要稳，方针政策要稳，战略部署要稳，宏观调控、金融发展、金融改革、金融监管、风险处置都要稳，金融政策的收和放不能太急，防止大起大落，牢牢守住不发生系统性金融风险的底线。"进"是方向和动力，该进的需要进取。金融发挥着媒介交易、配置资源、发现价格、管理风险等功能，金融制度是经济社会发展中重要的基础性制度。稳不是不作为，不是机械求稳，而是要在稳住基本态势中，不断解决问题，不断前进，在转方式、调结构、提质量、增效益上积极进取，牢牢掌握金融改革发展工作战略主动权，增强发展韧性，以金融高质量发展助推经济高质量发展。改革开放以来，我国保持了经济快速发展，社会长期稳定，是少有的未曾发生过经济危机的国家，更是唯一一个没有出现过系统性金融危机的新兴经济体。我们发挥社会主义制度优势和各种有利条件，坚持循序渐进，摸着石头过河，试点先行、稳步深化金融改革开放；坚持预防为先、标本兼治、稳妥有序、守住底线，有效防范化解金融风险，促进经济平稳健康发展。这是中国特色社会主义政治经济学理论的创新传承。

## 三、重点思考：如何将稳中求进工作总基调在金融实践中落实到位

我们一是要坚持党中央对金融工作的统一领导，一体理解，把握落实"防风险、强监管"，实现更周全的"稳"和更高质量的"进"的良性互动。二是要防风险，在稳大局的前提下，把握时、度、效。我们要坚持

"稳定大局、统筹协调、分类施策、精准拆弹"的方针，把握好权和责、快和稳、防和灭的关系。三是要促发展，在坚守根本的前提下，推进稳增长、调结构、提质效。服务实体经济是金融的天职，如果金融热衷于自我循环和自我膨胀，就会成为无源之水、无本之木。我们要围绕实施好稳健的货币政策，强化政策协调，支持稳预期、稳增长、稳就业，为经济社会发展营造有利的货币金融环境；围绕做好"五篇大文章"，统筹做好"加减法"，提高金融资源配置效率，优化资金供给结构，避免资金沉淀空转；围绕中国特色现代金融体系"五大支柱"建设，推动各类金融机构坚守初心、回归本源、做优主业、做精专业，切忌好高骛远、盲目跨界和无序扩张。

## 四、实干为要，行胜于言

我们要更加紧密地团结在以习近平同志为核心的党中央周围，坚持稳中求进的工作总基调，稳扎稳行，善作善成。我们要锚定金融强国目标扎实推动金融高质量，为奋力开拓中国特色金融发展之路做出新的更大的贡献。

养老金融处于起步阶段，需健全体系丰富供给。我国养老金融起步较晚，2016 年试点长期护理保险；2021

年试点养老理财产品；2022 年实施养老保险体系"第三支柱"的个人养老金制度，并创设普惠养老专项再贷款试点。截至 2022 年年末，我国 60 周岁以上和 65 周岁以上老年人口占总人口的比例分别为 6.61%、7.99%。

## 五、牢牢守住不发生系统性金融风险的底线

我们要树牢底线思维，坚持把防控风险作为金融工作的永恒主题，牢牢守住不发生系统性金融风险的底线。党的十八大以来，党中央高瞻远瞩，时刻把防控风险摆在更加突出位置。金融系统贯彻落实"稳定大局、统筹协调、分类施策、精准拆弹"的基本方针，有序处置化解了一批影响大，带有紧迫性、全局性的突出风险点，防范化解重大金融风险攻坚战取得积极成效。

现阶段，我国金融风险总体可控。金融机构监管指标处于合理区间，信用风险处于可控水平，损失抵御能力总体较强。截至 2023 年二季度末，证券公司风险覆盖率、平均资本杠杆率分别为 255.38%、18.78%；截至 2023 年四季度末，商业银行资本充足率、不良贷款率和拨备覆盖率分别为 15.06%、1.59% 和 205.14%，保险公司平均综合偿付能力充足率为 197.1%。

金融风险整体收敛，中小金融机构改革化险仍是重点。2019 年以来，经济下行叠加新冠疫情冲击，我国部

分地区和行业的风险逐步集聚并向金融业传导，加上中小金融机构内部治理不完善等因素影响，导致风险集中暴露，高风险机构数量增加，主要集中在农信机构、村镇银行等农村中小银行。经过几年的努力，中小银行风险化解进展明显。2023年第二季度央行金融机构评级结果显示，高风险银行还有337家（其中农信机构191家、村镇银行132家），资产规模6.63万亿元（占比1.72%），较2019年峰值时期压降近一半。中小银行是服务民营小微、"三农"、乡村振兴的重要力量，积极稳妥推进中小银行风险化解，既是防范和化解重大金融风险的重要工作，也是保障民营小微、乡村振兴等重点领域和薄弱环节金融服务的需要。截至2023年年末，全国中小银行总资产为110万亿元，在银行业整体总资产中的占比为28%，涉农贷款、小微企业贷款余额分别为21万亿元、29万亿元，占全部涉农贷款、小微企业贷款的比例为38%和44%。截至2022年年末，我国60周岁以上和65周岁以上老年人口占总人口的比例分别为19.8%和14.9%，养老金融需求巨大。因此，我们要加快丰富理财、保险、财富管理等养老服务金融产品，加大对养老照护服务、养老设施建设、老年用品制造等养老产业的金融支持力度。

绿色金融、普惠金融、数字金融要巩固优势，提升质效。**在绿色金融方面，我们要深化"五大支柱"建**

设，持续完善绿色和转型金融的标准体系，发展绿色金融市场，丰富绿色金融产品，强化以信息披露为基础的市场约束机制，深化国际合作。在普惠金融方面，我们要认真落实《国务院关于推进普惠金融高质量发展的实施意见》，积极稳妥探索"成本可负担、商业可持续"的普惠金融发展模式，提高服务保障和改善民生水平，实现基础金融服务更加普及、经营主体融资更加便利、配套机制更加完善、金融消费者教育和保护机制更加健全等目标。数字金融要把握数字经济发展机遇，深入实施《金融科技发展规划（2022—2025年）》，加快金融数字化、智能化转型，完善数字基础设施，提升产业数字金融服务能力，更好助力现代产业体系建设①。

## 六、坚持高水平对外开放之路

中国特色金融发展之路是一条开放之路。习近平总书记强调，要通过扩大对外开放，提高我国金融资源配

---

① 2011年，世界银行进行了首次全球普惠金融调查，建立了世界银行全球金融数据库（Global Findex）。该数据库较全面地涵盖了成年人账户开立及支付、储蓄、借贷等金融服务使用情况，这也是目前数据最为全面、影响最大的普惠金融需求端数据库，不仅被政策制定者和专家学者大量使用，也被很多国家用于评估联合国可持续发展目标的实现进程。世界银行分别于2011年、2014年、2017年、2021年开展了四次调查。2021年调查了12.5万个样本，涵盖123个经济体。中国样本不含西藏。

置效率和能力，增强国际竞争力和规则影响力，稳慎把握好节奏和力度。

我们要在守住安全底线的前提下，稳步扩大金融领域制度型开放，即在规制、管理、标准等方面扩大开放；落实准入前国民待遇加负面清单管理制度，增强开放政策透明度、稳定性和可预期性，营造市场化、法治化、国际化营商环境，吸引更多外资金融机构和长期资本来华展业兴业，带动提升我国金融业的国际竞争力和金融人才培养能力；稳步扩大金融市场双向开放，加强境内外金融市场的互联互通；优化"债券通""沪深港通""跨境理财通"等互联互通机制；支持国内金融机构和优质中资企业高水平"走出去"，用好国内国际两个市场、两种资源。

我们要持续推进人民币国际化和国际金融中心建设；持续推进跨境贸易投融资便利化，健全人民币跨境支付系统，优化人民币清算行全球布局；深化对外货币合作，稳步推进中央银行之间双边本币互换和本币结算合作，稳步发展离岸人民币市场，优化境外人民币使用环境；强化香港地区的国际金融资产管理中心和风险管理中心的功能，持续深化内地与香港的金融合作，支持我国香港地区打造亚太地区金融科技枢纽和可持续金融中心；持续推进将上海建设成为人民币金融资产全球配置中心和风险管理中心。

## 七、金融强国目标如何达成？围绕五大金融加速提升金融业服务能力

中央金融工作会议明确提出建设金融强国目标，金融要为经济社会发展提供高质量服务。金融强国建设一方面要加快打造现代金融机构和市场体系，畅通金融与实体的循环；另一方面也需要金融业在高质量发展的基础上不断提升金融服务能力。从服务国家战略出发，金融业要在改革创新中做好科技金融、绿色金融、普惠金融、养老金融、数字金融"五篇大文章"，助力实体经济高质量发展。

### （一）做好"五篇大文章"是金融业业务创新的重要方向

金融业的高质量发展是提升对实体经济服务能力的基础。金融机构作为市场重要的中介服务商，提升自身核心业务的专业能力是不断提升金融服务能力的重要基础。近年来，金融业持续推进改革深化和创新发展，在产品创新、服务创新上取得了一系列成绩，但同时也出现了一些创新乱象，跨市场、跨期限和跨领域的过度交易创新容易使得资金在不同金融市场之间流转，从而导致最终流向实体经济领域的资金相对较少。金融机构为了过度规避风险而创设的一些"抽屉协议""对赌条款"

在一定程度上打破了市场风险收益的平衡。

**金融业要围绕科技金融、绿色金融、普惠金融、养老金融、数字金融五大方向推进业务创新。**金融业要从科创驱动、绿色转型、数字中国、普惠发展和社会养老需求出发，不断创新金融产品、金融服务和金融业态。金融业在科技金融上要打破过去贴标签式的服务模式，更多专注在科技创新路径、科技创新企业全生命周期特征等方面，创设更多的科创金融服务产品；在绿色金融上要加快转变绿色信贷独大的结构性失衡特征，加快发展绿色债券、绿色资产证券化和碳交易市场，不断丰富绿色金融的内涵；在普惠金融上要加大普惠金融产品的供给力度，加强金融服务与科技、农业、教育、医疗等领域的融合，提高普惠金融服务的覆盖率和效益；在养老金融上要加快补齐短板，引导居民不断加大养老投资力度，构建多元养老金融体系；在数字金融上要从数字企业创新和转型发展的需求出发，通过数据要素的资本化来推进数字经济大发展。

**（二）做好"五篇大文章"是金融业服务实体经济的重要抓手**

科技金融、绿色金融、普惠金融、养老金融、数字金融是金融业服务企业产业和居民大众的重要抓手。

**从服务企业发展和产业转型来看，金融机构要不断**

**提升科技金融、绿色金融和数字金融的服务能力。**科技金融要从科技创新发展的路径和需求出发，引导更多社会中长期资金流向科技创新领域，形成多主体参与、多渠道供给的服务模式，推动科技、产业与金融形成良性循环。近年来，我国不断完善科技金融服务体系。截至2023年6月末，高技术制造业中长期贷款余额为2.5万亿元，同比增长41.5%，连续3年保持30%以上的较高增速；过去五年，科技创新企业在资本市场实现累计融资超2万亿元，但整体来看，我国还尚未形成全方位、多层次的科技金融服务体系。我们要持续引导银行机构加大对科技创新企业、中小企业及高端制造业的信贷支持力度；要不断提升资本市场包容性，打通从科技风险资本、股权资本到证券资本的投资链条，形成科创金融体系；要引导保险机构加快推出更多科技创新保险类产品，利用保险工具有效分担科技创新前期的高风险，引导更多境内外长期资金持续流入科技创新领域。

绿色金融要顺应全球绿色转型和我国"双碳"战略的需求，不断创新绿色产品，丰富绿色金融内涵。近年来，我国高度重视绿色金融发展，在绿色金融标准体系、绿色专业机构培育上做了大量工作。当前，我国已成为全球绿色金融大国。2022年年末，我国本外币绿色贷款余额为22.03万亿元，同比增长38.5%，绿色债券累计发行规模达到2 869亿美元。金融业要从产业绿色转型的需求出发，创设更多的绿色金融产品、转型金融产品和气候金融产品，充分发挥金融市场在资源配置中的重要作用；通过丰富绿色金融产品体系来更好地服务我国生态保护及绿色低碳转型；通过强化碳市场与碳金融建设，推进碳资产定价的市场化，逐步缩小我国碳价与国际碳价的差距，增强我国在全球碳市场交易中的话语权。

数字金融要顺应数字技术大发展及产业数字化转型的需求，更好地推进数据要素与资本要素的融合。近年来，数字货币、数字支付、数字信贷、数字证券、数字保险等数字金融新领域蓬勃发展，但仍面临法律法规不完善、数字资产定价难以及数据安全等问题。推进数字金融发展，要加快完善数字金融法律法规顶层设计，不断丰富并健全对数字资产和数据要素的估值定价能力，处理好数字平台企业在部分领域的天然垄断特征与市场公平竞争之间的关系，推动产业投资、股权投资与证券投资在数字化转型上达成共识，进而引导更多资本支持传统企业数字化转型发展。

**从服务居民和社会大众来看，金融机构要不断提升普惠金融和养老金融的服务能力。** 近年来，我国普惠金融发展取得长足进步，金融在服务小微企业、乡村振兴、巩固拓展脱贫攻坚成果等领域呈现出"增量、扩面"态势。截至 2023 年 9 月末，全国小微企业贷款余额为 69.2 万亿元，其中普惠型小微企业贷款余额为

28.4万亿元。未来，金融业还要进一步做深做实普惠金融服务，其中城商行及中小银行要发挥区域特色更好地支持当地中小企业发展；证券公司要加快推进资本市场下沉，在提升金融服务覆盖面的同时还要不断加大普惠金融产品的供给力度。一方面要开发更多符合小微企业、个体工商户生产经营特点和发展需求的产品和服务，加大首贷、续贷、信用贷、中长期贷款的投放力度，推广"信易贷"模式；另一方面要从不同类型居民的风险偏好出发，为其提供更多的与其风险偏好、资金期限结构相匹配的金融产品，切实助力提升居民财产性收入。

在养老金融上，现阶段我国养老金融规模与境外市场相比还存在较大差距。2020年年底，我国养老金市场规模达到12万亿元，且以全国社保基金和基本养老金为主，同期美国养老金规模达到40万亿美元，形成了第二、第三支柱为主，第一支柱为辅的社会化养老体系。2022年年底，美国各类养老金、保险资金的持股市值占比接近13%，是美国最重要的中长期资金来源。我国要加快补齐养老金融的短板，一方面要加大国有资本划转充实社保基金的力度，优化保险机构投资考核机制，提升养老金融机构管理能力；另一方面要创设更多低风险、长久期、稳定收益的养老金融产品，引导居民更多将储蓄转化为养老投资，不断做大养老金融规模。

### （三）做好"五篇大文章"是金融业自身转型发展的重要推力

金融业在不断提升对五大金融服务能力的同时也要加快推进自身的科技化、绿色化、数字化、普惠化转型。在科技化方面，金融业要健全安全高效的金融科技创新体系，搭建业务、技术、数据融合联动的一体化运营平台，建立智能化风控机制，全面激活科技化经营新动能；利用好人工智能、大数据、云计算等技术，为客户提供定制化金融产品、风险评估、投资咨询等服务，降低运营成本。在绿色化方面，金融业要主动践行ESG①发展理念，积极履行社会责任，加快构建绿色供应链，持续完善绿色供应商筛选、认定的条件和程序；要通过专业服务和业务创新来不断降低金融服务成本，助力绿色低碳转型发展。在数字化方面，金融业要明确数字化转型目标，推动数字化转型从口号向切实可行的落地举措转化；要建立匹配数字化转型的组织架构和人才队伍，推动数字化和业务深度融合，加快培育适应数字化转型需要的人才队伍；要推动数字技术在普惠金融、信用与风险管理、跨境金融等领域的应用，提升数字化投入产出比。在普惠化方面，金融业要从经营理

---

① ESG 是一种从环境、社会和公司治理三个维度评估企业经营的可持续性与对社会价值观念的影响的投资理念和企业评价标准。

念、组织架构、考核激励机制上真正实现"以客户为中心"的转型；要持续完善金融产品销售及金融服务的信息披露质量，保证金融消费者可以选择到更适合自身风险收益偏好的产品和服务，将投资者的获得感和满足感作为企业经营的重要目标之一。

## 参考文献：

[1] 新华社评论员. 努力开创金融改革发展的新局面 [N]. 光明日报，2012-01-08（3）.

[2] 郝杨. 企业集团财务公司风险处置机制研究：基于 L 财务公司破产重整的案例分析 [J]. 金融监管研究，2021（11）：65-77.

[3] 胡丽珠，赵洪进. 数字普惠金融的发展、风险及对策研究 [J]. 经济研究导刊，2020（31）：57-58.

[4] 党校（国家行政学院）厅局级干部进修班（第74期）研究专题一支部第2课题组，王兰军. 金融助力现代化经济体系建设研究 [J]. 理论视野，2020（6）：33-38.

[5] 周祥军. 我国中小银行风险生成机理及稳健发展路径研究 [J]. 理论探讨，2020（3）：110-115.

[6] 中国人民银行武汉分行金融研究处课题组，邓亚平. 信度加权普惠金融发展指数：编制、评价及运用：来自湖北的案例 [J]. 武汉金融，2018（4）：17-23.

# 第四章 对"六个强大"的分析

习近平总书记提出,"金融强国"应具有"六个强大"的关键金融要素:①强大的货币;②强大的中央银行;③强大的金融机构;④强大的国际金融中心;⑤强大的金融监督;⑥强大的金融人才队伍。这六大核心要素可以分成三类,即货币、人才、机构。它们都要以"强大"为主线,或以建设"强大"为目标,应当说要经过较长时期的努力才能实现,要"久久为功"。

## 一、货币强弱怎么考察

在传统的认知中,货币是事物交换的中介,以购买能力表现出来;在当代,货币早已不是中介,而是一种"商品",主要以"货币资金"表现出来。按马克思经济学的理论,在一定条件下,"货币资金"也是货币。作为货币,它强或不强主要取决于购买力高或不高,而购买力情况,则主要取决于收益性、流动性、安全性。货币资金在社会再生产过程中能不能发挥作用,能发挥多大的作用，取决于流通过程。按马克思经济学商品流通决定货币的理论，流通过程中的商品（包括数量和质量）进入市场的越多，货币资金发挥的作用相对越大；相反，货币资金发挥的作用相对越小。这种状况，国内如此，国际上也不例外。从道理上说，不能作用于再生产过程中的货币资金（可能是闲置的货币）有可能成为"商品"，在国内外买卖，其中盈亏决定于价格，即利率、汇率，这种状况决定于供求状况。所以供给的货币强不强，这是不能忽略的重要因素之一。

有的经济学家认为，一个国家强势的货币或弱势的货币均受汇率的影响，如发展中国家，汇率偏低或不稳，说不上是强势货币，于是提出：发展中国家货币与美元挂钩，即"货币美元化"。

## 二、问题的提出：发展中国家货币与美元挂钩

20 世纪 90 年代先后发生了几次金融危机，在危机中产生了美元对所在国本币的冲击，即促使本币急剧贬值，美元被抢购，于是有一部分经济学家提出：为了解决发展中国家汇率不稳定的问题，可以实行货币美元化。

**货币美元化的含义：**

货币美元化即取消本币，完全用美元来计价流通，

也就是将美元作为价值尺度和流通手段（包括支付手段）。

**这样做的利弊如何？**

**从利的方面说：**①摆脱了汇率波动的困扰，避免了货币投机者的冲击。②没有货币，不存在货币贬值的可能性，也不存在因本币贬值，资本外流。③降低交易成本。既然没有本币，就不需要耗费印刷和发行本币的费用。④物价以美元计值，能保持物价的稳定。⑤美元化可促进金融一体化和贸易一体化。

**从弊的方面说：**①使所在国丧失了铸币税收入。铸币税是货币主权国发行（供给）本币所形成的购买力与印刷发行本币的费用之差。由于没有货币发行权，自然丧失了铸币税收入。②丧失了资产利息收入。如果有货币发行权，则可通过货币发行购买有息资产（如外汇）获得利息收入。要知道，中央银行发行本币除了印刷成本和发行费用外，是不付利息的。换句话说，有货币发行权就等于赋予了中央银行有权以不付利息的货币去购买有息的资产。但美元化后，这种可能性没有了。③增加利息支出。因为美元化，中央银行就要动用外汇储备或借用美元把社会公众手中持有的美元收回来，这将减少外汇储备的利息收入，增加借用美元的利息支出。

**从金融风险的角度来说，美元化将带来哪些风险呢？**

首先，在美元化以前，所在国为了抑制本币贬值，发行以美元计值的债券，这种债券的利息率很高。债券到期后，政府要还本付息。如果债券到期后，政府的清偿能力不足，就会提高政府的履约风险。如果美元化，则这种状况就不存在了，也就避免了这样的风险。

其次，美元化以后，并不意味着一切风险都可以避免了。比如，所在国财政状况恶化或政治动乱，从而产生的支付危机。这是美元化无法预防的。

美元化与货币局制度接近，因此推进美元化的国家和地区可先实行货币局制度，然后推行美元化。货币局制度的一大特点是以美元为后盾，让美元与本币固定在一定兑换比例的基础上供给货币，使本币流通。这种制度由购买或出售美元来调节本币供给量。货币局制度能够变化，但美元化是永久性的。

## 三、当前很值得关注的问题：大量的人民币在境外流通

据相关消息，大量的人民币在境外流通，那么，境外人持有的人民币作为外汇该怎样交易？要不要有一个市场？这个市场是设在境外，还是设在境内？

有消息称，新加坡趁机发展相应的金融产品（如人民币期货、人民币期权），吸引全球的人民币外汇到它那里去交易；此外，我国香港也有大量的投资者在从事

人民币的远期交易。在预期人民币有升值趋势的情况下，有不少人在人民币外汇的期货交易和期权交易中买进人民币，抛售其他货币。

有人建议人民币产品的交易市场应设在我国上海，使上海成为人民币作为外汇的交易中心，吸纳各国的机构在交易中心来设立席位，从事交易。如果人民币作为外汇的交易聚集在境外，我国的汇率制度和金融安全将受到影响。

## 四、金融机构在金融体系中强不强，除了取决于各种机构（包括中央银行、商业性金融机构等）是否有效地发挥金融功能外，还取决于宏观调控的功能是否强大

要知道，金融机构供给基础货币和派生存款。其功能除了通过货币供给，正常地、有效地发挥金融专业的功能外，还包括调控经济。调控经济必须平衡短期与长期、机动与相对固定、重点与灵活。其总的精神是稳增长与防风险，内部均衡与外部均衡，始终保持稳中求进，管好货币总门，促进经济增长，稳定物价，扩大就业容量，维护国际收入平衡，营造良好的货币金融环境。

此外，金融机构在金融体系中所发挥的作用强不强，还在于金融机构资源的配置，具体包括以下五方面：

**一是构建结构合理的金融市场体系。**结构合理的金融市场体系应是货币市场、股票市场、债券市场、外汇市场等协调发展，间接融资和直接融资比例合理。我们应不断推动金融市场体系结构合理化，并随实体经济结构和需求变化而动态变化，使其更加有效地服务于实体经济。

**二是构建分工协作的金融机构体系。**我国金融机构门类齐全，业态日趋丰富，但差异化服务水平还有待提高。各类金融机构要在现有基础上错位发展、优势互补，在服务实体经济上各司其职、各展所长。

**三是构建完备有效的金融监管体系。**完备有效的金融监管体系对防范和化解金融风险、确保金融业稳健运行具有重要意义。我们必须不断健全金融监管体系，提高监管前瞻性、精准性、协同性、有效性，织牢织密金融安全网；要增强金融体系韧性，提高吸收和抵御各种风险冲击的能力。

**四是构建多样化专业性的金融产品和服务体系。**金融产品和服务的类型应丰富多元，能够满足不同领域和不同社会群体的需求。我们要提高对重大战略、重点领域、薄弱环节的金融服务质量，做好科技金融、绿色金融、普惠金融、养老金融、数字金融"五篇大文章"。

**五是构建自主可控安全高效的金融基础设施体系。**金融基础设施是金融交易和运行的"道路桥梁",是金融稳健高效运行的基础性保障。我们必须建立健全自主可控安全高效的金融基础设施体系,加强统筹规划,完善监管标准和运营要求,实现金融高质量发展和高水平安全相互促进。

在这五个方面,我们需要根据不同情况去分析、认知。在所在国,金融系统强或不强是难以确定的,这里概括地回答这个问题:一方面,金融体系是国际性的,难以从某一个国家去考察;另一方面,如果一定要从某一个国家考察,则各国制定和依据的原则、方针、政策不同。最典型的事例是金融监管。不同国家或地区对金融机构展业的监管可以分为三个类型:①以美国为首的对金融机构展业的监管,主体不同,对象不同。其监管主体和客体均多元化。比如,美国存款保险公司有权对存款人进行监督、管理,因为存款保险公司对存款人要按存款额区分应赔偿的债权人。②在某些发达国家(如新加坡)和发展中国家或地区(如我国香港),它们对金融机构展业的监管完全是按照巴塞尔协议的规矩办事。③欧洲不少国家的金融监管又是另一种类型。笔者曾经考察过"英国成立金融服务局,统一金融监管"的情况,详见后文。

## 五、英国成立金融服务监管局（FSA）统一金融监管值得思考的问题

英国成立金融服务局统一金融监管，值得思考的问题是：

（1）FSA是一个非政府机构，这一机构属于什么性质？是事业单位，还是企业？其组织结构采取董事会的形式，而董事一部分来自财政部的派遣。为什么要采取这样的组织形式？以一种非营利性的、自律性的非政府机构来实行金融监管，其法典意义在于，设立了"法典框架下的自律监管"，不仅监管别人，也监管自身，即监管者自身也接受董事会的监管；其经济意义在于，在金融交易活动日益复杂的条件下，出于效率要求的一种监管模式选择，这种监管模式被普遍认为是面向未来的安排。

（2）FSA的经营费用来源于对被监管对象的收费，收费的高低按被监管对象的信用级别来定。信用级别高的收费标准低，信用级别低的则收费标准高。这当中包含着一种理念，即信用级别低的，必须付出更多的监管成本。

（3）FSA监管的目标中值得注意的是，要维护金融市场上投资者的信心和保护中小投资者的利益，而不是

减少个别金融机构的不良资产和经济损失。个别金融机构的不良资产和经济损失应由该金融机构的经理层负责。这当中包含着这样的理念，即金融市场的风险应由市场参与者自己承担。

（4）FSA自身要受到来自外部的监督、内部的监督和公众的监督。其中，外部的监督是指财政部和议会，即财政部有权指定或撤销董事会成员及主席人选，有权对FSA的行为进行调查，有权要FSA遵守国际义务，FSA需每年向财政部提交年度报告等；内部的监督是指接受非执行董事组成的委员会的监督和接受FSA举行的年度公开会的审议；公众的监督是指FSA必须关注金融市场参与者和金融产品消费者的意见。

（5）怎样评价英国金融监管体制的变革。对于这种监管，有人概括为由多元化监管转变为一元化监管。这样概括还不能完全反映其转变的内容和实质。能不能说这样的转变，从"授权监管"到非授权监管。1986年英国的金融监管设计了一种"授权模式"，即由财政部将监管权力授予一个"指定代理机构"，即证券与投资委员会（SIB），但财政部要对其监管行为负首要责任。新法案完全摒弃了这一"授权模式"，而将前面的监管权力都直接赋予FSA。这样，政府就与日常金融监管活动脱离，不承担监管失误的责任，也降低了政治风险。

此外，这种转变还包含着从对机构监管到对功能监管的转变。其中，对机构的监管侧重于对整个机构的商业运作的监管，对功能的监管则侧重于对某个项目的投资行为的监管。

英国金融监管体制的转变提高了金融监管机构的地位，FSA 直接对国会负责，强化了英格兰银行独立行使货币政策的职能。

## 六、优势与劣势比较

2023 年 10 月 30 日至 31 日，中央金融工作会议在北京召开。该会议强调，以加快建设金融强国为目标，以推进金融高质量发展为主题，以深化金融供给侧结构性改革为主线。这是中央首次正式提出建设金融强国目标，这意味着，金融工作上升为国家战略选择的新高度，是党中央综合研判当前发展阶段和形势得出的精准战略定位与结论。这"三主"的精神更侧重在金融需求方面。

我国已经是金融大国，拥有数量庞大的金融资产。截至 2024 年 6 月末，我国金融业机构总资产达 449.21 万亿元。目前，中国银行业资产规模位居全球第一，股票、债券、保险规模位居全球第二，外汇储备规模稳居世界第一。但客观来看，我国金融体系仍然存在金融行业结构不够均衡、基础设施建设有待完善、市场机制不够成熟等问题，仍然存在"大而不强"现象。金融强国目标的提出，意味着金融体系的发展重点将更多地从规模体量的提升转向夯实服务质效和提升防风险能力等"质"的方面。

要实现上述目标，离不开进一步深化金融供给侧结构性改革。

我们要在深化改革中建设金融强国，要加强金融宏观调控，为高质量发展营造良好的货币金融环境。近年来，中国人民银行把好货币供给总闸门，持续稳固加强对实体经济的货币信贷支持，没有量化宽松超发货币，有效支持了宏观经济发展。当前，国际形势复杂多变，我们面临着兼顾短期和长期、经济增长和物价稳定、内部均衡和外部均衡的多重挑战。因此，我们要准确把握货币信贷供需规律和新特点，保持流动性合理充裕，总量上合理增长，结构上有增有减，节奏上平稳适度，更加注重做好跨周期和逆周期调节，充实货币政策工具箱，为经济社会发展提供高质量服务。

我们要在深化改革中建设金融强国，促进金融市场发展，优化融资结构体系，提高金融服务效率。现阶段，我国金融仍以银行信贷等间接融资为主，这与经济高质量发展的需求不相匹配，因此我们要加速构建由银行信贷、债券市场、股票市场、风险投资等组成的全方位、多层次金融服务体系。同时，银行、保险、证券、投资等金融机构要构建整体协同、分工明晰的服务网络，形成大、中、小机构合理分布、良性竞争的发展格局。具体到金融机构体系方面，我们要形成差异化的支持体系，其中大型金融机构应进一步发挥主力军和压舱石作用，在服务国民经济和社会发展的重点领域发挥关键作用；中、小金融机构要发挥贴近市场及客户的优势，在国民经济和社会发展的薄弱领域贡献力量。

特别是我国中央银行不断完善金融宏观调控，加强货币总量控制和结构双重制约，不断优化资源配置，提高劳动生产率，这无不体现出中国特色社会主义的优势。

特别是新冠疫情发生以来，中国人民银行创造性地推出一系列结构性货币政策工具，包括两项直达实体经济的货币政策工具、碳减排支持工具、支持煤炭清洁高效利用专项再贷款、科技创新和普惠养老专项再贷款等，精准纾困助企，推动实体经济持续恢复向好。截至2023年9月末，各类结构性货币政策工具余额总计为7万亿元。

总的来看，我国金融宏观调控有力、有度、有效、稳健的货币政策对促发展、稳就业、保民生起到了至关重要的作用。相关数据显示，我国对实体经济发放的人民币贷款余额从2014年的81.43万亿元攀升至2023年9月的230多万亿元，年均增速保持在10%以上，与名义 GDP 增速基本匹配。

当前，国际经济金融环境更趋复杂严峻，国内经济持续恢复向好的同时仍面临需求不足等挑战。为此，金融系统要紧扣为经济社会发展提供高质量服务这一关键点，着力营造良好的货币金融环境，切实加强对重大战略、重点领域和薄弱环节的优质金融服务。

中央金融工作会议指出，要始终保持货币政策的稳健性，更加注重做好跨周期和逆周期调节，充实货币政策工具箱。这意味着，今后一段时间，我国仍要坚持稳健的货币政策，坚持以人民为中心的价值取向，各项政策措施不会大起大落，不会搞大水漫灌。货币政策既要满足经济社会高质量发展的需要，也要守护好老百姓的"钱袋子"，同时，还要更好地运用结构性货币政策工具。

此外，该会议还强调，要完善金融宏观调控，加强货币供应总量和结构双重调节。这要求准确把握货币信贷供需规律和新特点，在总量上保持货币信贷和融资增长合理、节奏平稳、效率提升；在结构上聚焦重点、合理适度、有进有退，精准滴灌科技创新、先进制造、绿色发展和中小企业等重大战略、重点领域和薄弱环节，加快培育新动能、新优势。

金融是实体经济的血脉，为实体经济服务是金融的宗旨。无论是管好货币信贷总闸门，还是加强货币供应总量和结构双重调节，都要锚定服务实体经济这个根本宗旨，持续提升金融服务质效，着力做好科技金融、绿色金融、普惠金融、养老金融、数字金融"五篇大文章"。

"金融棋活，全盘皆活。"站在新的历史起点上，金融系统要持续用力、乘势而上，坚持以习近平新时代中国特色社会主义思想为指导，不折不扣落实好中央金融工作会议精神，为经济社会发展提供高质量金融服务。

我们还要看到，社会主义的中国，正在中国共产党的领导下全方位改革开放。在此基础上逐步建设金融强国，是我们不可多得的优势。

在深化改革中建设金融强国，要扩大金融高水平开放，提升金融服务跨境贸易水平和投融资水平。一个金融强国，不可能是一个故步自封的国家，而应是一个开放、包容的国家，一个具有国际竞争力、影响力的国家。我们要统筹金融开放和安全、逐步扩大金融领域制度型开放，顺应国内外新发展形势、确保金融管理能力与开放水平相匹配。我们必须稳慎扎实推进人民币国际化、提高跨境人民币业务服务实体经济的能力；深化金融市场制度型开放，推进上海、香港国际金融中心建设，发挥金融服务的枢纽功能。

金融乃国之重器，是国家重要的核心竞争力。随着金融强国目标的提出，我们期待各主体以此为目标，着力做好当前金融领域重点工作，加大政策实施和工作推进的力度，以新气象、新作为推进金融高质量发展取得新成效，助力实现强国目标和复兴伟业。

在中国特色社会主义制度下，中国共产党组建的党校是培养金融干部的重要阵地之一。

2023年11月1日，中国人民银行党校2023年秋季局处级干部进修班第一时间组织学习了中央金融工作会议精神，通过收听收看新闻、原原本本学习会议精神，全体学员进一步增强了坚持党中央对金融工作集中统一领导的政治意识、建设金融强国的信心、提升能力水平的自觉，决心将学习贯彻会议精神与党校学习紧密结合、与即将开展的课题调研紧密结合、与自身工作履职紧密结合，努力提升理论水平、党性修养与履职能力，扎实做好本职工作，为建设金融强国做出应有贡献，以金融高质量发展助力强国建设和民族复兴伟业。

大家一致认为，通过对会议精神的学习，实现了"三个增强"。一是增强了坚持党中央对金融工作的集中统一领导的政治意识。坚持党中央对金融工作的集中统一领导，是做好金融工作的根本保证，也是中国特色金融发展之路的鲜明特征，充分体现了金融工作的政治性。我们要进一步把思想和行动统一到习近平总书记重要讲话精神和中央金融工作会议的各项部署上来，切实抓好会议精神的学习贯彻，确保会议精神入脑入心。在中央金融委员会统筹协调把关下，我们要扎实做好加强金融监管、防范化解金融风险、推动金融高质量发展等重点工作；在中央金融工作委员会的统一安排下，我们要切实加强新时代党的建设。二是增强了建设金融强国的信心。会议首次提出了加快建设金融强国的目标，充分彰显了金融在服务高质量发展中的重要作用。我们要努力推动中国人民银行事业高质量发展，为以中国式现代化全面推进强国建设、民族复兴伟业提供有力的金融支撑。三是增强了提升能力水平的自觉性。会议提出要坚持政治过硬、能力过硬、作风过硬标准，锻造忠诚、干净、担当的高素质专业化金融干部人才队伍。大家参加党校学习，充分体现了各级党委的信任和厚望，一定会按照会议对金融干部提出的标准和要求，自觉加强学习锻炼，不断提升政治能力和专业水平。

大家纷纷表示，在学习领会会议精神的基础上，要努力促进"三个结合"。一是促进与党校学习紧密结合。党校学习的首要任务就是学习习近平新时代中国特色社会主义思想。习近平总书记在中央金融工作会议上的重要讲话，科学地回答了金融事业发展的一系列重大理论和实践问题，是习近平经济思想的重要组成部分，是马克思主义政治经济学关于金融问题的重要创新成果，为新时代新征程推动金融高质量发展提供了根本遵循和行动指南。我们一定要把两者紧密结合起来，切实提升党校学习质效。二是促进与党校课题调研紧密结合。党校将以课题组为单位，分别围绕基层央行治理，金融支持中小企业、绿色经济、乡村振兴、普惠金融、外汇管理等开展现场调研。我们将充分发挥课题组成员跨专业、跨区域的复合优势，充分发挥党校边学习、边调研的系统优势，深入基层一线，摸清实情底数，查找问题根源，认真研究对策，拿出高质量的调研报告。三是促进与人民银行工作紧密结合。会议明确了当前和今后一个时期金融工作的指导思想、目标、主题、主线、重要支撑、重点、总基调和底线，我们要切实提高政治站位，胸怀"国之大者"，深刻把握金融工作的政治性、人民性，准确领会"八个坚持"的重要内涵，着力营造良好的货币金融环境，切实加强对重大战略、重点领域和薄弱环节的优质金融服务，有效防范化解金融风险，着力深化金融改革开放，为经济社会发展提供高质量的金融服务，不断开创新时代金融工作新局面。

这表明，在党校学习和调研中，理论与实践相结合以及工作与强化调研相结合，是提高金融人才素质的重要途径，同时也是建设金融强国的重要保证和独特优势。

## 参考文献：

［1］潘功胜.深入学习贯彻习近平总书记关于金融工作重要论述精神 推动外汇管理工作高质量发展［J］.机关党建研究，2022（7）：27-29，19.

［2］胡萍.习近平新时代防范化解金融风险重要论述研究［D］.扬州：扬州大学，2021.

［3］陆岷峰.坚持和完善中国特色金融治理体系［J］.长春市委党校学报，2020（2）：9-12.

［4］甄梓萌.习近平关于金融的重要论述研究［D］.曲阜：曲阜师范大学，2019.

［5］乔海曙.金融监管体制改革：英国的实践与评价［J］.欧洲研究，2003（2）：117-129.

［6］虞群娥.论区域货币一体化与人民币国际化［J］.浙江社会科学，2002（4）：40-42.

# 第五章　国家之间的竞争主要是金融竞争

国家之间的竞争主要是金融竞争。在若干年前（2003年2月3日）我曾发言（在"怎样把上海建设成国际金融中心"会上的发言），题目是《对建设上海国际金融中心的思考》。

 **拓展**

### 对建设上海国际金融中心的思考
——在"怎样把上海建设成国际金融中心"会上的发言
（2003年2月3日）

当代，国家之间的竞争主要是金融竞争，金融竞争主要不是机构之间的竞争，而是城市之间的竞争，因此把上海建设为国际金融中心是国家发展战略的需要。当今金融业之间的竞争不再是"大吃小"的竞争，而是"快吃慢"的竞争；"快吃慢"的竞争有赖于制度创新和技术创新；而制度创新和技术创新涉及诸多理论问题和实际问题，在这里难以展开，也不宜全面展开。所以，我仅就建设上海国际金融中心提出几个问题供参考。

### （一）　国际金融中心的功能定位

一般说来，国际金融中心在国际上具有以下六大功能：

（1）融资功能，主要表现为有能力参与国际性的同业拆借和买卖外汇；

（2）筹资功能，主要表现为有条件发行债券和股票；

（3）投资功能，主要表现为通过该地区金融机构融入与融出资金进行投资；

（4）交易功能，主要表现为金融产品的交易活跃；

（5）创新功能，主要表现为能够不时推出新的金融产品；

（6）综合服务功能，主要表现为基础设施完善和服务质量上乘。

这六大功能，最终表现为推动经济发展和社会进步。

### （二）　国际金融中心的衡量标准

一个地区或城市是否国际金融中心，对其的判断标准应当是：①金融市场上融资、筹资、投资的交易规模；②与其他国家金融市场的融合程度。

衡量这两个方面的指标一般有：①该地区的国际金

融机构的数量和资产总额；②该地区的对外资产总额、对外负债总额和国际清算总额；③该地区金融电子化水平及其国际化程度。上述第①个指标反映国际金融机构的融入程度；第②个指标反映金融的对外依存度；第③个指标反映业务操作和运作机制的现代化水平。这三个指标同时表明：①如果一个地区的金融交易的参与者主要是内资金融机构，则它不构成国际金融中心；②如果一个地区虽然有相当数量的外资金融机构，但它们的业务主要是对内的，而不是对外的，则也不构成国际金融中心。

金融中心是一个集体组织，上述指标是集体活动的成果，从国际金融或金融强国的程度来考察，或者说从强弱与否来考察这一问题，应该说，没有多大的现实意义。

### （三）建设上海国际金融中心的必备条件

一个地区或城市要成为国际金融中心，必须以货币的国际化和资本项目的自由兑换为前提，这是必须具有的重要条件。能不能创造这个条件，取决于我国的经济实力和改革开放的程度。《远东经济评论》两年前刊出《人民币之日》一文，预言如果人民币之日来临，"全球金融市场将向上海倾斜，可能会出现像日本'武士'国债那样的'熊猫'国债市场，亚洲各国央行将大量储备人民币，一个'人民币圈'将在亚洲出现，人民币势必像当年的日元那样，对世界金融市场造成新的冲击。那时，中国人会持人民币疯狂购买美国的股票、国债、房地产或标志性建筑"。《人民币之日》的预言也许有夸张和哗众取宠之嫌，但随着我国经济实力的增强，改革开放的深化，人民币成为又一种国际货币不是不可能的，问题在于时间。美国麻省理工学院教授布森认为20年后人民币将在亚洲占主导地位。要不要这样长的时间值得研究。日本经济的奇迹使日元在25年内币值翻了两番，其他国家趋之若鹜地储备日元。历史的经验告诉我们，人民币要成为国际货币，关键在于我国延续经济的奇迹和币值的提升。

人民币要成为国际货币，怎样一步一步地走，需要研究。比如中国内地的货币与港、澳、台的货币要不要统一，怎样统一；要不要有亚元，怎样构建亚元体系等。诺贝尔经济学奖获得者蒙代尔认为：亚洲迟早要有统一的货币——亚元。人民币将在亚元中扮演主角。但他又认为货币联盟的前提是安全联盟，单一货币意味着一种高度的政治统一。亚洲各国政府的经济差异太大，并且还存在着潜在的战争风险，因而亚洲实行共同货币，目前在政治上难以成行。在今后几年内日元和人民币都不太可能成为亚洲中心货币的状况下，蒙代尔提出了实施"共同货币"的方案。实施这个方案的第一步是建立固定汇率区，也就是将亚洲有关国家的本国货币与美元的汇率固定下来，这样亚洲各国就能形成一个共同的针对美元的浮动汇率。然后设立一组货币构成共同货币，由亚洲货币基金发行，并由这些货币的准备金加以支付，这样，亚洲各国就形成了两种货币的平行机制。蒙代尔提出的实施方案可不可行？需要研究。看得出来，他是要亚洲各国采用欧洲模式走向货币联盟。而欧洲模式适不适合于亚洲，这不只是个经济的趋同性，更重要的是政治、文化背景。

实现人民币资本项目可自由兑换，需要条件。其条件是：①贸易项目收支平衡并有节余，外债结构比较合理，有充足的外汇储备，只有这样，才能保持外汇汇率的稳定；②中央银行能有效地调节外汇供给与需求，为此除要有充足的外汇储备外，外汇市场主体必须建立有效的激励机制和约束机制；③建立合理的汇率机制，为此，要研究是实行固定汇率好，还是实行浮动汇率好，或有管理的浮动汇率好；是盯住美元，还是盯住"一篮子货币"；④外汇市场的发育程度，能否进行公开、公正、公平的竞争。

一般的情况是：国际收支顺差，国内有大量外汇储备，放松资本流出管制。但如果国际收支逆差，国内资金不足，则放松资本流入管制。20世纪90年代以来，资本开放的作用已从单纯的"流出""流入"转向优化资本结构，采取"双向"流动。

总结一些国家资本项目可自由兑换的历史经验，在开放资本项目可自由兑换中，一般采取"积极稳妥，先易后难，宽进严出"的方针。其进程是：

先放宽对长期资本流入的管制，后放宽对短期资本流入的管制；

先放宽对直接投资的管制，后放宽对间接投资的管制；

先放开对证券投资的管制，后放开对银行信贷的管制；

先放开对境外筹资的管制，后放开对非居民境内筹资的管制。

从国际上货币可兑换进程看，在贸易项目实现可兑换后，逐步实现资本项目可自由兑换，这大体要10年的时间。1995年12月1日我国实现了经常项目可兑换，可以设想再过10～15年，应能完成资本项目可自由兑换。

这表明：这样的前提条件一时难以具备。这主要是因为我国的经济实力与发达国家的经济实力仍存在着较大的差距。如果货币国际化难以实现，资本项目的自由兑换必须缓行，那么，建设上海国际金融中心，我们还能做些什么呢？

## （四）上海国际金融中心的制度建设

现阶段建设上海国际金融中心，我们能够而且必须做的事较多，在这里仅指出三点：

（1）**信用制度建设。** 讲信用是当代金融的思想基础，建设上海国际金融中心，首先要讲信用。近观我国信用制度的建设，集中于征信机构的建立和个人、企业的信用评估上。这种状况不仅反映在大中城市，而且已深入农村。近年来，农村的信用制度建设结合银行、信用合作社发放小额信贷进行，即通过信用评估小组，确定农户的信用等级，然后确定授信额度，在额度范围内借款，借了又还，还了又借，周转借用。这样做的确有它的积极意义。不少地区出现了"信用村""信用镇"，调动了农民的积极性，树立了农村的讲信用的形象，优化了信用环境。在一些大城市，征信机构的建立和建设，成了有关部门关注的事业，早在1999年上海率先成立了"上海资信有限公司"，建立了个人信用档案为个人消费信贷服务。试行几年来取得了积极的效果。当前存在的问题是：①提供个人信息与保护个人隐私如何协调，这二者在法律上如何认定；②个人信用信息能不能、要不要共享；③信用档案中的负面信息，保存期多长才合理；④征信机构应不应当垄断、集中统一；⑤征信机构自身如何运作，怎样收费、处理盈亏。进入21世纪以后，2002年，北京推出了"中关村信用体系建设试点"，据说是全国第一家为企业提供信用产品的信用体系机构。在一片热闹声中推出，可是试行几个月来，却在一片寂静中冷场。究其原因，主要是需求不足，而需求不足的原因是企业信用消费意识不强。信用产品应当是为经济交易活动服务的。当前经济活动交易可分三种类型，即生活消费品的经济交易、生产消费品的经济交易和金融商品的经济交易。第一种类型的交易，一般是一手交钱，一手交货，不产生对信用产品的需求；但第二种、第三种类型的交易就必须要有信用产品作支撑，但现实的状况不尽如人意。其恐怕与以下因素相关：①机构和从业人员的信用素质不高，信用消费意识不强。②有各自的征信系统，有各自掌握信息的渠道和方式，无须求助于社会化的征信系统。③信息封锁、不真实，难以提高信用产品的质量，妨碍了对信用产品的消费需求。从国外征信行业发展的经验来看，一个国家的征信行业能否健康迅速发展，关键在于该国有关资信方面的信息、数据是否真实、透明，能否通过合法的、公开而有效的渠道取得信息、数据，而要做到这一点不仅要有法律保障，还要有配套的制度安排。④信息搜集、整理的成本高。所以，要思考当前我国信用制度建设中的难点、疑点，从何入手，关键抓什么。

市场经济是信用经济的含义，无非要求市场经济的主体讲诚信，重信誉，用信用（利用好一切信用资源），建立健全信用制度也无非是从制度上保障市场经济秩序的正常运行。信用制度的内容很多，核心问题是权利与义务的透明和对等。而在当代，在市场经济中最核心的权利与义务是产权，即对财产的所有权、处置权、分配权和收益权。所以，信用制度必须建立在产权边界明确，落实了产权监护人的基础上。产权边界明确，市场经济主体才有独立的财产，有了独立的财产才能产生真正的债权人和债务人，也才能形成真正的信用关系。因为，如果产权边界不明确，经济主体就没有独立的财产，没有独立的财产就意味着没有真正的经济实力来承诺财产义务和履行合约，也没有能力来承担交易风险。没有独立的财产，即使经营不下去严重亏损要破产，也无产可破。即使破了产，也不必承担责任。再说，市场经济分散决策，产权边界明确，市场经济主体有独立的财产，使其对财产的所有权、处置权、分配权和收益权分散化，才有经济交易活动，也才有信用活动。如果所有权集中，都是国有，不具有排他性，他们之间的交易只能是"同一所有者内部的交易"，他们之间就不会去区分真正的债权人和真正的债务人，就不受信用关系的约束。所以，建立我国信用制度的关键是明确产权，落实产权的监护人，即确定谁是财产的真正所有者，并消除垄断。

当然，法治建设、道德交易也是信用制度建设必需的，但这二者毕竟是外部力量。要增强信用制度的内部力量，只有从划清产权、落实谁是财产的真正所有者入手。古人云："无恒产者，无恒心"，"无恒心者，无信用"。它表明了恒产、恒心与信用的关系，这应当是信用制度建设的理论基础之一。

**（2）金融市场制度建设。** 国际金融中心是一个国际性的金融大市场。要成为中心，必须关注金融市场制度建设。在这一方面，首先，必须有一个开放的市场。问题是开放度有多高。而衡量开放度有多高要考察是否存在垄断，是否限制竞争，是否存在政策性金融抑制商业性金融。有人提出测定银行垄断程度的指标为：

$$HHI = \sum_{i=1}^{n} (a_i / A)^2$$

（Herfindhal Hirsch man Index，$n=$银行家数，$a_i=$第 $i$ 家银行的某项指标值，如资产、资本等，$A=$市场某项指标的总值）。如果用这一指标来测量我国金融市场的开放度，不可否认的事实是国有独资商业银行的垄断。所以，弱化国有独资商业银行的垄断，增大开放度，还必须银行"民营化"。其次，市场必须高度透明。市场透明度涉及金融信息的规范和披露，对此，值得关注的是我国金融会计准则是否符合国际规范，金融会计与财务监察是否严格，金融会计信息披露是否详细与及时等。再次，市场中介机构必须齐备，运作必须完善。中介齐备是指有足够的、多种多样的金融中介机构进入市场，服务于市场；运作完善是指金融中介机构服务的质量高，而服务质量的高低在于公正性和权威性的强弱。公正源于权威，权威保证公正。在这一方面，会计审计师事务所、金融法律事务所、资信评级公司的行为值得关注。最后，同业公会或协会的作用是否得到发挥。市场是众多参与者的群体，同业公会或协会是参与者的协同运作组织，协同运作组织的作用在于规范，规范发挥激励和约束作用。可以说同业公会或协会是市场群体在协同运作中自律。市场的发展离不开他律，但重要的在于自律。

（3）**经济金融信息平台的建设**。市场靠信息发展，信息靠网络平台和人的语言交流。建设国际金融中心，首先要建设一个信息交流的网络平台，在这个基础上，语言的国际化是重要的。上海应当有众多的国际通用语言交流人才。这方面的人才来自海内外，但不可忽视的是自己培养、合作培养。为此，要加强人才的培养和专业研究。上海应当成为金融人才的培训中心和金融研究中心。只有这样，才能有效地供给、交流经济金融信息，可以说建立经济金融信息平台，是国际金融中心建设的"灵魂"。

**（五）建设上海国际金融中心，要重视发挥外资金融机构的作用**

建设上海国际金融中心，不能忽视外资金融机构的作用。为此：

（1）**改变看待外资金融机构的心态**。以什么心态看待外资银行？不能认为外资银行的进入，就是"狼来了"。其实外资银行的业务目前仍非常有限，上海从事业务的外资银行有53家，除花旗、汇丰业务发展较快外，其他的外资银行业务发展不快，大部分外资银行是在等待、观察。上海外资银行从业人员只占该地区金融从业人员的1/42，而东京是1/8，伦敦是1/30。

**（2）加强与外资金融机构的合作**。与外资金融机构合作，主要是利用外资金融机构在全球的网络发展业务。合作的范围有资金的合作、人的合作和业务的合作。资金的合作不能看得太重，人的合作是需要的，业务的合作应当放在首位。业务合作包括利用技术平台，借鉴管理经验和开发金融市场。开发金融市场包括货币市场、外汇市场和金融产品创新等方面。现在的问题是：①中国没有真正的货币市场，同业拆借市场限制很多，只能解决头寸短缺问题，不能用于放款，没有票据买卖，这与国外差距很大。国外货币市场，买卖票据，能够从中求得流动性、安全性和收益性。现在外资银行人民币资金短缺，但参加同业拆借意义不大。②外汇市场主要的问题是税收歧视。从境外引入外资，只按利差征收6%的营业税，但在境内筹集的外资，就要按毛利收取6%的营业税。前者税负轻，后者税负重。③金融创新受法规约束。我国与欧美不同，欧美法规的规范是"除规定不能做的以外都能做"，我国反过来，"叫你做什么，就只能做什么，没有叫你做的，你就不能做"。在我国，推出一种金融产品，要经严格的审查批准，比较难。这种状况需要改变。外资金融机构的主要优势是以跨国公司为后盾，以外资企业为依托，有母国雄厚的经济实力支撑，而它的劣势是在所在国没有形成网络，难以融入本土文化。中资金融机构的优势在于：机构网络、客户、本土经验、已有品牌、凝聚力。中资金融机构的劣势是：管理技术、缺乏全球网络、与跨国公司的关联度等。因而怎样发挥优势、弱化劣势？这里涉及展业的成本和风险。其中起决定因素的是管理层的认识水平、思想境界。在合作中矛盾总是有的，比如文化背景的差距，但更重要的在于互信。在经济全球化、金融一体化的形势下，合作是一种趋势。

（3）**适当放开对外资金融机构的限制**。有人说，外资银行表面上享有国民待遇，实际上被卡住了。如只准企业开一个外汇账户，那么某个企业在中资银行开了外汇账户，就不能再到外资银行开户，这就限制了外资银行业务的开展。外资银行靠信誉，靠优质服务留住客户。不靠价格取胜，靠服务质量、信誉取胜。即使存款利率低，甚至要收费，不少客户也愿意到外资银行存款。有人说放开限制会流失人才。其实不完全如此。花旗银行说我们不拉中资银行人才，花旗在上海的320多名员工中，只有2名是中资银行过来的。他们认为一个机构不能靠几个人拉客户维持，要靠实力、信誉。如果一家银行靠几个人维持，则这几个人走了，机构就垮了。外资金融机构在展业的理念上与我们有较大的差距，他们说即使放开人民币业务，我们也不会全力组织储蓄存款。外资银行的业务如何开展，不同的银行有不同的选择、不同的定位。

金融强国是 21 世纪的中国，在全球面临着机遇和挑战，外部环境更趋复杂严峻，不确定性因素较多的状况下提出来的。看过本书初稿的领导专家提醒我们说：关注国外情况，马克思评述过没有？对此，我遵循领导专家的指教，再读《资本论》，期望从伟大的经典中找出答案。在《马克思恩格斯全集》（以下简称《马恩全集》）中有"名目索引"栏目，于是我把《马恩全集》第 23 集、第 24 集、第 25 集即《资本论》第 1 集、第 2 集、第 3 集借阅到手，仔细阅读，翻来覆去，仍然不见"金融"的踪迹。最终我在《马恩全集》"第 50 集注释10"中终于找到《金融危机和商业危机考察》一文的缩影版。该文是托马斯·图克著作《关于价格和货币流通状况的历史》（以下简称《价格史》）中 342 页，那里引用了阿希伯顿勋爵的小册子《金融危机和商业危机考察》中的引文。小册子的作者把英国 1825 年和 1847 年的危机进行比较的时候写道："应当指出，我们现在遇到的困难和我在上面指出的 1825 年产生的信用内部紊乱的原因没有任何共同之处。相反，如果说得准确些，那么国内商业信用的状况十分健康，而信用手段的流通从来没有显得更令人烦恼。"

这种状况无疑说明：19 世纪的冬天，在欧洲爆发了金融危机。当时即 1856 年 11 月 17 日，恩格斯给马克思写信，说"金融危机有些起伏并逐渐加剧，看来将会像慢性病似的拖一冬天。其结果，它到春天爆发要比现在爆发激烈得多。这种慢性的紧张拖得越久，波拿巴集团的丑恶行径将暴露得越多，工人们将更加愤怒"。恩格斯论述了：欧洲金融危机加剧，法国危机迫近，拿破仑第三的冒险政策和正在法国形成的条件，有利于发动革命。

马克思在评论达里蒙《论银行改革》中评图克《价格史》时撰写了一系列关于欧洲的财政危机和商业危机的文章，并不断就此问题同恩格斯交换意见。马克思在撰写《巴师夏和凯里》（《政治经济学批判大纲》，即《1857—1858 年经济学手稿》），首次完整地表述了政治经济学的许多重要原理，这是《资本论》的最初草稿，并草拟和创作、一再修改经济学著作计划。

马克思还写信给恩格斯，评论了米凯尔的危机理论。他说，"关于米凯尔，的确，我不理解他的理论，他的理论不是以'生产过剩'而是以'缺乏生产上的支持手段'为出发点的"。这也就是说，"通货学派的谬论在德国已经得到了传播"。

本书编著者与革命导师面对历史的现实和逻辑思维，当然不能相提并论。但出发点和落脚点是相同的。那就是：国家之间的竞争，主要是金融竞争。

## 参考文献：

［1］丁霞，颜鹏飞.马克思政治经济学方法论再研究：兼论当代中国马克思主义政治经济学体系［J］.学术研究，2016（6）：97-103，178.

［2］张妍.我国企业信用研究［D］.南京：河海大学，2006.

［3］郑海青.亚洲货币合作进程：中国视角［J］.亚太经济，2003（4）：32-35.

［4］郁李娜.开放经济条件下人民币汇率政策取向［J］.东南亚纵横，2003（3）：72-74.

［5］赵海宽.人民币可能发展成为世界货币之一［J］.经济研究，2003（3）：54-60，91.

# 第六章　建设金融强国的实践基础与路径

　　建设金融强国是党中央统筹国内国际两个大局而作出的重大战略部署。当前我国已是世界重要的"金融大国"，在普惠金融、绿色金融、数字金融等领域处于世界领先水平，但总体上距金融强国还有较大差距。应客观认识建设金融强国的基础和差距，坚定不移走中国特色金融发展之路，**加快构建中国特色现代金融体系。本文认为，加快建设金融强国，应"守住不发生系统性金融风险底线，把握金融服务实体经济的根本宗旨，坚持高水平开放道路"，持续推进，久久为功。**

　　以高质量发展加快建设金融强国是新时代新征程我国金融事业发展的核心任务。2023 年 10 月召开的中央金融工作会议提出建设金融强国的宏伟目标。

　　2024 年 1 月，习近平总书记在省部级主要领导干部推动金融高质量发展专题研讨班开班式上对这一目标的内涵和实现路径进行了全面阐述，为建设金融强国提供了根本遵循和行动指南。我们要深刻理解金融强国目标的重大战略意义，从而把握建设金融强国的实践要求，加快推进金融强国建设，为以中国式现代化全面推进强国建设和民族复兴伟业提供有力支撑。

## 一、深刻理解建设金融强国的重大战略意义

金融是国民经济的血脉，是国家核心竞争力的重要组成部分，是大国崛起的重要支撑力量，建设金融强国是统筹国内国际两个大局背景下的重大战略部署。

### 1. 金融是现代经济的核心，关系发展和安全

金融是现代经济的核心，是实体经济的血脉。党的十八大以来，在党中央集中统一领导下，金融系统有力支撑经济社会发展大局，为如期全面建成小康社会、实现第一个百年奋斗目标作出了重要贡献。如八年脱贫攻坚中，金融系统投入 10 万亿元的资金，占脱贫攻坚资金总投入的 8 成。

金融是国家核心竞争力的重要组成部分。从近代世界经济发展史看，大国崛起背后都有强大的金融体系作为支撑。如 17 世纪以阿姆斯特丹股票市场、债券市场和期货交易为标志的荷兰金融革命将金融工具与商业发展紧密结合，极大地促进了荷兰经济实力的增长，成就了荷兰的"黄金百年"。英国最早完成工业革命，也是世界上第一个建成现代金融体系的国家，伦敦也随之成

为世界金融中心。

金融安全是国家安全的重要组成部分。习近平总书记深刻指出：维护金融安全，是关系我国经济社会发展全局的一件带有战略性、根本性的大事。金融安全是经济平稳健康发展的重要基础，也日益成为大国博弈的重心。

## 2. 金融高质量发展关系中国式现代化建设全局

党的二十大擘画了全面建成社会主义现代化强国、以中国式现代化全面推进中华民族伟大复兴的宏伟蓝图。在推进中国式现代化进程中，无论是科技强国和现代化产业体系建设，还是农业强国和乡村全面振兴，都需要金融高质量发展作为强有力支撑。以科技和农业强国美国为例，美国发达的金融市场体系，利用股权、债券、贷款等多种融资方式，为科技企业提供全生命周期的金融服务，有效匹配不同成长阶段高科技企业的金融需求，支撑美国企业的科技创新能力一直位于世界前列。美国政府主导建立的农场信贷系统在百年发展历史中始终坚持为美国农业和农村经济发展提供信贷资金支持及相关金融服务，现阶段已成为农场贷款的最大提供者。美国还拥有发达的农业保险市场和农产品期货市场。

## 二、国内国际两个大局对金融发展提出新要求

从国内看，新一代信息技术革命、产业转型升级、区域协调发展和人口结构变化等因素带来金融需求的新变化，需要金融系统及时做出响应和调整。如在农村金融领域，随着农业现代化建设和乡村振兴战略的推进，农村金融需求主体日益多元化，从传统的农户、种养大户、新型农业经营主体、农村小微企业扩展到进城务工新市民、返乡创业新农民以及各类参与农业农村现代化建设的主体。农村金融的需求从传统的基本生产生活需要，扩展到投资理财、教育、医疗、养老等多层次需求。农村金融的功能从保障农业的基本发展和农民的基本生存，上升到构建现代农业生产经营体系，提升农村公共服务水平，促进均衡发展和共同富裕。在新形势新要求下，需要农村金融进一步深化改革创新。从国际看，世界百年未有之大变局加速演进，全球化出现转向，地缘政治冲突频发，全球经济复苏之路曲折漫长，不稳定、不确定因素明显增加。国际金融环境更加复杂，国家金融安全和金融竞争力的重要性更加凸显。

## 三、客观认识建设金融强国的基础和差距

习近平总书记指出："金融强国应当基于强大的经

济基础，具有领先世界的经济实力、科技实力和综合国力，同时具备一系列关键核心金融要素，即拥有强大的货币、强大的中央银行、强大的金融机构、强大的国际金融中心、强大的金融监管和强大的金融人才队伍。"这是对金融强国历史演进规律的深刻总结和概括。从建设金融强国的基础条件看，我国经济总量居世界第二位，经济增长率一直居于世界主要经济体前列，过去 10 年对世界经济增长的年平均贡献率超过 30%。这为我国建设金融强国提供了强大的经济基础。从金融的发展水平看，我国已是世界重要的"金融大国"，在某些细分领域已处于世界领先地位，但总体上距金融强国还有较大差距。

## 1. 我国已成为世界重要的"金融大国"

1984 年 1 月 1 日中国人民银行专门行使中央银行职能，标志着在金融业的发展上我国放弃了计划经济条件下以社会簿记功能为特征的集货币发行与信贷发放为一体的大一统银行体制，开始建设现代中央银行制度和现代金融体系。1990 年年底上海和深圳证券交易所开业，资本市场建设起步。1993 年，按照《国务院关于金融体制改革的决定》，我国建立在国务院领导下，独立执行货币政策的中央银行宏观调控体系，建立政策性金融与商业性金融分离，以国有商业银行为主体、多种金融机构并存的金融组织体系，建立统一开放、有序竞争、严格管理的金融市场体系。此后，我国金融业快速发展，逐步建立起覆盖银行、证券、保险、信托、基金、期货等领域的现代金融体系。

截至 2023 年年末，我国银行业资产规模超过 400 万亿元，位居全球第一。金融稳定委员会（FSB）公布的 2023 年 29 家全球系统重要性银行（G-SIBs）中，我国有 5 家银行进入。截至 2023 年年末，我国外汇储备规模为 32 380 亿美元，稳居世界第一。债券市场余额 158 万亿元，是全球第二大债券市场。我国股票、保险市场规模位居全球前三。近年来，我国金融业增加值占国内生产总值（GDP）的比重在 8% 左右，已经接近美国，我国金融体系已经初步完成了"从小到大"的量变。

## 2. 我国在普惠金融、绿色金融、数字金融等领域走在世界前列

党的十八届三中全会提出"发展普惠金融"以来，我国的普惠金融实现跨越式发展，金融服务的覆盖面、可得性和便利性大幅提升，多项指标居于全球前列。根据国际货币基金组织（IMF）金融服务可得性调查（FAS）2022 年数据，中国每千名成年人拥有的借记卡数量和存款账户数均排名前三。根据世界银行全球普惠金融调查（Global Findex），我国在 15 岁以上成年人账户拥有率这一衡量普惠金融发展水平基础指标上的表现一直高于发展中经济体和全球平均水平。数字支付使用

率、储蓄、借贷等金融活动参与率、金融韧性等指标也都超过发展中经济体和全球平均水平。

以绿色金融标准体系、环境信息披露、激励约束机制、产品市场体系和国际合作"五大支柱"为框架的绿色金融体系建设取得明显成效。截至 2023 年年末，我国绿色贷款余额超 30 万亿元，绿色债券市场余额近 2 万亿元，我国已经形成全球最大的绿色信贷市场和第二大的绿色债券市场。同时，我国绿色金融市场的产品和服务创新不断涌现，呈现出强劲的增长态势。2023 年绿色贷款余额同比增长 36.5%，高于各项贷款增速 26.4 个百分点。世界银行 2022 年发布的《中国国别气候与发展报告》指出，中国绿色金融的发展处于领先地位，将帮助中国将气候挑战转化为机遇。根据《全球绿色金融发展报告（2022）》对全球 55 个国家的绿色金融发展情况的排名，我国位居全球第四，是唯一一个排名前十的发展中国家。

在数字金融领域，我国在金融科技创新能力、移动支付、数字信贷、央行数字货币等方面成效卓著。2018年以来，全球金融科技专利申请量中，中国金融科技专利占比为 44.3%，位列第一，美国以 20.2% 排名第二。《2023 全球独角兽榜》显示，截至 2022 年年末，最具价值的金融科技独角兽来自中国。全球排名前十的独角兽企业中金融科技企业占 4 家，中国有 2 家。我国移动支付普及率达到 86%，居全球第一。国际清算银行研究报告显示，2019 年中国数字信贷规模达到 6 267 亿美元，占全球数字信贷总量的 78.8%。我国是国际上较早着手研发央行数字货币的国家之一。数字人民币试点范围已扩大至 17 个省份的 26 个地区，应用场景不断丰富。截至 2023 年 3 月，试点地区数字人民币累计交易金额 8 918.6 亿元，交易笔数达 7.5 亿笔。我国央行已深度参与多边央行数字货币桥项目，在系统建设与平台接入方面均具备先发优势。

我国深度参与普惠金融、绿色金融、数字金融领域国际治理。如我国担任普惠金融全球合作伙伴（GPFI）主席国推动实现《G20 数字普惠金融高级原则》《G20 普惠金融指标体系》升级版和《G20 中小企业融资行动计划落实框架》等重要成果。我国连续多年担任二十国集团（G20）可持续金融工作组联合主席，牵头推出《G20 可持续金融路线图》《G20 转型金融框架》等一系列重要成果文件。中国人民银行提出的"无损""合规""互通"三大原则已由国际清算银行提议成为多边央行数字货币桥项目的基本原则。

### 3. 我国与金融强国还有较大差距

我们应该清醒地看到，我国虽已成为金融大国，但还不是"金融强国"。对照金融强国"强大的货币、强大的中央银行、强大的金融机构、强大的国际金融中心、强大的金融监管和强大的金融人才队伍"的核心要求，我国与金融强国尚有较大差距。正如中央金融工作会议所指出，我国金融服务实体经济的质效不高，金融监管和治理能力薄弱，经济金融风险隐患仍然较多，特别是在国际影响力上还有较大差距。

以强大的货币和国际金融中心为例。根据国际货币基金组织（IMF）数据，截至 2022 年年末，人民币在全球储备货币中的占比 2.69%，比 2016 年人民币刚加入特别提款权（SDR）货币篮子时提升了 1.62 个百分点。同期美元在全球储备货币中的占比为 58.36%，欧元为 20.47%，日元为 5.51%，英镑为 4.95%。根据环球银行金融电信协会（SWIFT）的数据，2023 年 12 月在全球跨境贸易结算中，人民币的支付占比为 4.14%。美元、欧元、英镑分别以 47.54%、22.41%、6.92% 的占比位居前三位。2023 年伦敦金融城发布报告，从创新生态系统、金融市场规模、基础设施、人才吸引力及营商环境 5 个方面全面比较了全球各大金融中心的综合实力。伦敦和纽约以 60 分的总分位列榜首，其次是新加坡（51分）、法兰克福（46 分）、巴黎（43 分）、香港（37 分）和东京（35 分）。

# 四、建设金融强国的实践路径

加快从金融大国走向金融强国，要加快构建中国特色现代金融体系，即科学稳健的金融调控体系，而要构建科学稳健的金融调控体系，必须发挥利率的杠杆作用。

## 📖 拓展

### 利率作为经济的调控杠杆，作用有多大？

进入 21 世纪以后，不到 3 个月的时间内，美联储连续 3 次降息（每次都降 0.5 个百分点），试图扭转美国经济的下滑趋势，但成效甚微。这种状况给我们提出了一个问题，即利率还能不能成为调控经济的杠杆。

利率成为经济调控的杠杆，其经济学的原理在于：利率是投资的递减函数和储蓄的递增函数。它表明利率越低，投资越多，储蓄越少；利率越高，投资越少，储蓄越多。利率是投资的递减函数理论假定的条件是：投入产出要素的价格不变。在投入产出要素的价格不变的条件下，利率的变动影响到投资的成本，从而影响到经济人的利益，而利益变动又支配着经济人的行为，故而利率与投资是反函数关系。利率是储蓄的递增函数理论假定的条件是：货币的价值不变。在货币价值不变的条件下，利率的变动影响储蓄的回报，从而影响经济人的利益，而利益的变动又影响经济人的行为，故而利率与储蓄是正函数关系。从这样的推理来看，利率成为经济调控的杠杆，离不开利益机制，而利益机制能发生作用，是假定了若干条件的。如果条件变了，或假定的条件不存在了，利益机制作用不能发挥，则利率成为经济调控的杠杆作用就自然削弱了。

美国连续降息，之所以成效甚微，美国学术界有两派观点：有一派可谓乐观派。这一派中包括格林斯潘在内的多数经济学家认为，目前经济低迷和 1945 年之后的历次经济萧条一样，主要是因为需求疲软，使企业采取措施降低库存而导致经济增速下降。如果这一判断正确，到目前为止的降息和政府即将采取的后续措施，将可能有效地重振经济。美国经济界的这种主流学派坚信，一次次降息将像强心针一样，先刺激纽约华尔街股市，再刺激消费者和企业家走出对经济前景的预期悲观的阴影，提高消费和投资的积极性，进而重振美国经济 10 年来的雄风。另一派可谓悲观派。这一派中包括卸任的美国前财长萨默斯在内的部分经济学家认为，这一轮经济低迷与美国战后经历的 9 次经济萧条周期有根本上的区别。而与二战前的经济危机却有更多的相似之处。二战后历次经济危机的根本原因，是膨胀迫使美联储提高利率进而导致衰退，而此次低迷的主要原因，是在没有通胀的情况下消费者和企业家过度借贷，与二战前的危机特点如出一辙。这一特点恰恰说明此次经济萧条的严重性。无通胀的长期扩张，形成了个人和企业债务的超常积累。银行降低放贷标准，借方肆无忌惮一笔笔缴借款，借贷双方都在冒越来越大的风险。直至发展到现在，企业的过度投资降低了资本收益，消费者发现自己的债务已经达到了极限，进而企业家决定削减资本开支，消费者决定降低消费提高储蓄，对经济前景的悲观情绪开始笼罩在人们的心头，需求突然大幅下跌。美国今天的这种现象，正是19世纪和20世纪初期经济周期的特点，即"投资增长和衰退"并行的周期模式。既然目前的低迷不是二战后在一定时期内的"通胀→提高利率"周期模式，美联储惯用的降息措施的作用就很有限。其中首要的原因是消费者和企业家并不关心，从而降息无法有效刺激需求。如果此次经济减速的确是"投资增长过度"引起的，那么早在经济扩张阶段，美联储就应根据债务状况而非通胀形势来提高利率，从而及时抑制过度投资，防止泡沫性经济扩张。持悲观态度的经济学派认为，此次经济低迷也将像二战前的衰退那样，难以在半年之内就出现回升，而会持续相当长的时间。

两派的争论虽然各执一词，但也有他们的共同认知，即美国经济能不能继续增长，取决于两个因素：一是能否刺激消费或需求；二是能否消除消费者和企业家对经济前景预期悲观的阴影。只不过乐观派认为，能够消除，而悲观派认为不能消除。乐观派认为能够消除的原因，是降低利率能推动股市上涨，产生财富效应；悲观派认为不能消除的原因，如果从宏观方面讲是经济周期处于危机阶段，如果从微观方面讲主要是企业家和个人负债太重。由于企业家和个人负债太重，对降低利率并不关心，所以难以刺激投资需求和消费需求。

这样的分析，给人的启示是：①利率杠杆能否发挥作用不取决于人们的主观愿望，而取决于客观经济过程，如果客观经济过程处于下降阶段，利率是难以有效地发挥作用的，换句话说，利率只能在经济复苏和繁荣阶段发挥作用；②利率能不能发挥作用又取决于经济主体的资产负债结构，如果经济主体资产负债结构不合理，负债过重，则利率难以有效地发挥作用；③利率发挥作用需要其他经济杠杆的配合，如以股票为代表的金融资产价格上涨，产生财富效应。

据我所知，牵制利率发挥作用的，在美国主要有下列指标：①全美采购经理人协会指数（NAPM），这一指数全面反映生产者的状况，它是衡量经济动态的指标。②消费者价格指数（CPI），这一指标反映消费者的消费状况和信心。③生产者价格指数（PPI），这一指标反映生产者的投资状况和信心。④就业报告中的就业率、平均时薪和劳动力成本，这一组指标反映劳动力市场上的供求状况，特别是反映劳动者的承受力。如果劳动力市场上供大于求，就业率降低，平均时薪下降，劳动力难以承受，则利率效用降低。⑤住房特别是新住房的建设和销售指标。这一指标反映人们消费的结构变动和新的增长点，是反映经济增长的领先指标，它的变动反映经济增长的状况，从而反映利率的效用程度。实际的状况是：近来美国企业为减轻负债，急速处理前几年累积下来的过量库存商品，降价销售。而在这种情况下，企业又只好抑制生产；美国消费者信心指数下降，2001 年 1 月的信心指数为 114.4 点，已降至 1996 年 12 月以来的最低点，其原因除了去年利率上升、股市下滑等，能源价格上涨对民众和公司的消费信心也有明显的冲击。企业大幅裁员，据美国劳工部统计，2000 年美国有大小 15 738 次裁员行为，涉及 184 万人次，首先人数最多的是制造业，占裁员人数的 42%，其次是服务性行业，占 22%。企业裁员，劳动力收入减少，增大了社会公众预期的不确定性，从而不利于经济增长。

这种状况为利率效应的经济学解释提出了新的课题：①降低利率能减少企业的负担，也能增加企业的负担，比如降低利率刺激企业过度负债。②提高利率会增加企业的融资成本，也能减少企业的融资成本，比如在提高利率抑制企业过度负债的同时，迫使企业寻求新的融资渠道，改变融资结构。③影响企业和消费者信心的因素很多，不是单靠降低利率能刺激起来的。④如果政府或企业的行为增大了社会公众的负担，增加了他们预期的不确定性，不利于经济增长，则不利于正常地发挥利率的作用。换句话说，只有预期稳定的条件下，利率才能正常发挥作用。⑤利率作用于资金短缺者和盈余者，如果资金短缺和盈余的形势有区别，那么利率的作用也有区别。⑥利率的作用存在于特定的融资方式中，比如借贷，如果不存在这种融资方式，或企业和个人不选择这样的融资方式，比如当企业缺资金时，不是求助于银行借贷，而是求助于发行股票和债券，则利率难以发挥作用。⑦利率变动的幅度与利率能否发挥作用、作用大小相关。当企业必须按8%以上的利率从银行借款成为筹措资金的唯一手段时，降息100个基点（一个基点相当于0.01个百分点）仍然是杯水车薪（为什么是唯一手段？因为发行股票和债券受限）。此外，在债务增加的情况下，小幅降息也是杯水车薪（小幅降息没有激励作用）。⑧利率变动效应的传导过程。有人说降息首先在资本市场上产生效果，然后需要大约半年的时间才能影响到实体经济。

一种货币利率变动对经济的影响，不能只考虑所在国，还应考察对相关货币的影响，从而考察对相关货币所在区域的经济影响。比如美元降息对欧元、港币的影响，美元降息对香港经济的影响等。美联储降息是放松银根的信号，它能使商业银行的存贷款利息下降，也能使持有美元的单位和个人利息所得减少，由此会改变他们持有货币的选择，比如有可能将一部分美元兑换成其他货币，这样就会改变美元和其他货币的供求形势，从而引起汇率波动。美联储第二次降息的当日即 2001 年 1 月 31 日，伦敦外汇市场 1 欧元兑换 0.926 4 美元，而次日 1 欧元便可兑换 0.936 4 美元，欧元升值了，美元贬值了。

香港实行联系汇率制，港币与美元挂钩。为了保持港币的汇率稳定，主要通过联系汇率制的机制发挥作用。一般情况下，美元降息，港币也跟着降息，只有这样，才能使港币汇率稳定。因为港币与美元可自由兑换，美元降息就可能使商业银行和储户美元存款利息减少，如果港币不降息，他们就会抛出美元，购进港币，从而不利汇率的稳定。自然，港币降息对香港经济会产生正面影响，也会产生负面影响。

**这样的分析表明：一种货币的利率变动会导致人们持有货币的变动→会导致相关货币供求形势的变动→会使汇率变动，而所有这些变动，都会给经济带来影响。这可谓利率变动的传递效应和扩张效应。**

党的二十届三中全会对进一步深化金融体制改革作出了重大部署，首先对深化金融体制改革的意义进行了高度概括：一是加快建设金融强国的必然要求，二是走好中国特色金融发展之路的必然要求，三是守住不发生系统性金融风险底线的必然要求，四是金融更好服务实体经济的必然要求，五是金融高水平对外开放的必然要求。

在提高认识的基础上，有人将深化金融体制改革分作七个部分：一是加快完善中央银行制度，二是着力打造金融机构、市场、产品和服务体系，三是健全投资和融资相协调的资本市场功能，四是深化金融监管体制改革，五是健全金融服务实体经济的激励约束机制，六是推动高水平开放，七是加强金融法治建设。但有人说还应增加一部分，即八是防范化解金融风险。

2024年年初召开的省部级主要领导干部推动金融高质量发展专题研讨班对金融强国进行了系统阐述。金融强国应当基于强大的经济基础，具有领先世界的经济实力、科技实力和综合国力，同时具备一系列关键核心金融要素。

我国已经是金融大国，但仍然存在大而不强的问题。为加快补齐补强我国金融体系的短板弱项，迫切需要继续用好改革开放关键一招，进一步深化金融体制改革，这要破除金融高质量发展面临的体制机制障碍和卡点堵点，加快构建科学稳健的金融调控体系、结构合理的金融市场体系、分工协作的金融机构体系、完备有效的金融监管体系、多样化专业性的金融产品和服务体系以及自主可控、安全高效的金融基础设施体系。这样，才能有力推动我国金融由大变强。要深化金融体制改革应当把握四方面的重要原则：一是坚持守正创新，二是坚持目标导向和问题导向相结合，三是坚持系统观念，四是坚持稳中求进。

近年来，我国金融业发展较快，金融领域持续创新，金融体系复杂度、开放度不断提升，迫切需要加快金融改革。"当前，金融领域仍面临风险隐患较多、金融服务实体经济质效不高、金融乱象和腐败问题屡禁不止、金融监管和治理能力薄弱等突出问题。做好新形势下的金融工作，必须锚定建设金融强国目标和牢牢守住不发生系统性金融风险底线的要求，着力从体制机制层面有效解决上述问题，推动金融高质量发展。"

在党的二十届三中全会上，习近平总书记提出：教育、科技、人才是中国式现代化的基础性、战略性支撑。必须深入实施科教兴国战略、人才强国战略、创新驱动发展战略，统筹推进教育科技人才体制机制一体改革，健全新型举国体制，提升国家创新体系整体效能。在金融强国的整体部署下，人才要在实践中锻炼成长，"坚持目标导向和问题导向相结合"的原则，提出金融领域要建立健全"六大体系"，即

（1）科学稳健的金融调控体系；

（2）结构合理的金融市场体系；

（3）分工协作的金融机构体系；

（4）完备有效的金融监管体系；

（5）多样化专业性的金融产品和服务体系；

（6）自主可控安全高效的金融基础设施体系。

"六大体系"，涉及金融调控、金融市场、金融机构、金融监管、金融产品和服务、金融基础设施等方方面面，互相联系、互为支撑，描绘出中国特色现代金融体系的宏伟蓝图。

**"六大体系"，涉及方方面面的人际关系**，既是金融为经济社会发展提供高质量服务的内在要求，也是我国**由金融大国迈向金融强国的实践路径**。在实践中锻炼成长就是要善于处理各方面的关系。

2023 年 10 月底召开的中央金融工作会议上，习近平总书记强调，中国金融的建立和发展要走中国特色金融文化之路时提出来的。

阐述中国特色金融发展之路，习近平总书记继续强调重申"八个坚持"，释放了在实践中继续探索完善，使中国特色金融发展之路越走越宽广的鲜明信号。

令人瞩目的是，在 2023 年中央金融工作会议提出**"要在金融系统大力弘扬中华优秀传统文化"**的基础上，习近平总书记此次重要讲话还首次提到积极培育中国特色金融文化：

——诚实守信，不逾越底线；

——以义取利，不唯利是图；

——稳健审慎，不急功近利；

——守正创新，不脱实向虚；

——依法合规，不胡作非为。

积极培育中国特色金融文化是提升金融国际竞争力的必然要求，更是推动我国从金融大国走向金融强国的必然要求。

这个重要提法不仅把马克思主义金融理论同当代中国具体实际相结合、同中华优秀传统文化相结合，为金融系统注入传承传统、积极向上的文化基因，也赋予了中华优秀传统文化新的时代内涵，指明了提升金融软实力、建设金融强国的前进方向。

在专题研讨班开班式上，习近平总书记还着重就防范化解金融风险和金融高水平对外开放进行了部署，提出"金融监管要'长牙带刺'、有棱有角"，"实现金融监管横向到边、纵向到底"，"落实好属地风险处置和维稳责任"等，提出"增强开放政策的透明度、稳定性和可预期性"，具有很强的针对性和指导性。

习近平总书记的重要讲话对正确认识我国金融发展面临的形势任务，深化对金融工作本质规律和发展道路的认识，具有十分重要的意义。在习近平新时代中国特色社会主义思想指引下，朝着金融强国目标阔步向前，中国特色金融发展之路必将越走越宽广。

在建立"六大体系"深化金融体制改革中，面对"坚持系统观念"和"完善金融机构定位"等问题，关键在于"价值取向"。

例如对于"坚持系统观念"的问题，在这一方面，金融体制改革涉及金融调控、金融市场、金融机构、金融监管、金融产品和服务、金融基础设施等多个方面，对此，必须要有效做好各方面改革的平衡和衔接，统筹推进防风险、强监管、促发展工作，努力实现最大整体效果。**同时，必须把深化金融体制改革放在全面深化改革的全局中进行定位和谋划，加强金融体制改革与财税、科技、产业、区域、社会等其他相关领域改革的协调衔接，使各领域改革紧密协同、相互促进。**

例如对于完善金融机构定位的问题，在这一方面，**金融体制改革涉及金融机构、市场、产品和服务体系的定位分工和职能。应完善金融机构定位，坚持回归本源、专注主业；持续推动货币、外汇市场改革发展，稳慎有序发展期货和衍生品市场；建立高效的金融基础设施；健全完善金融"五篇大文章"等重点领域的统计口径和考核评价制度，发挥好考核评价"指挥棒"作用等。**

总之，金融体制改革，要解放思想，实事求是，从中国的历史实际和现实实际出发，贯彻坚持党的全面领导、坚持以人民为中心、坚持守正创新、坚持以制度建设为主线、坚持全面依法治国、坚持系统观念等原则，推动和谋划全面深化改革，以改革促开放，以开放统筹国内国际两个大局，统筹发展和安全，着力推动高质量发展。

### 📖 拓展

#### 把握信息　驾驭未来
##### ——写在《国际金融评论》创刊之际
##### （2001 年 6 月 25 日）

科技在发展，经济在增长，社会在进步，人们的观念在更新，生活更加丰富多彩。**历史进入 21 世纪，人们在继续思考当今的世界，正在或将要发生什么变化？从经济、金融领域来说，人们的共识之一是：经济全球化和金融一体化的趋势在加剧。**这种加剧给人们提出：在经济的发展"你中有我，我中有你""一荣俱荣，一损百损"的态势下，怎样趋利去害，扬长避短？在经济增长的对外依存度不断增长的条件下，怎样维护民族经济的利益？在世界大多数国家都在致力于改革开放的形势下，怎样捷足先登，领先一步；在金融波动已成为常态和金融危机不可避免的趋势下，怎样维护一国的金融安全等。对这些问题，人们可按传统的思维方式去思考：自力更生，奋发图强，增强实力，迎接挑战。当然，这是应当具有的精神状况和行为选择，但这样的选择有"被动适应"的成分。如果在经济金融一体化的时代，面对外部的挑战，仅有"兵来将挡，水来土掩"，则虽有"处事不惊，应对自如"的风范，却缺"敢为人先，勇往直前"的气魄。所以重要的是必须改变我们传统的思维方式，从战略的高度，以灵活的战略战术，以全新的视角去观察、去审视，去分析处理面对的这些新问题。

在观察、审视、分析、处理新问题时，除了要有正确的立场、观点、方法，重要的是及时把握信息。在当今的信息经济时代，信息就是知识，信息就是财富，把握信息就是拥有制胜的"法宝"。信息可来自各个方面，把握信息也有多种途径，但不可缺少的是新闻媒体。《国际金融评论》的推出，为我们把握信息，从战略的高度，以全新的视角去观察、审视新的问题，拓展了又一新的天地。

新闻媒体的可贵之处在于所提供的信息，一是实，二是新，三是快。实是媒体的基本要求，实是前提，如果媒体提供的信息不真实，不仅会以讹传讹，遗患于人，而且会丧失媒体的群众基础——读者；新是媒体的吸引力，是品牌，如果媒体报道的信息不新，不仅会削弱信息的价值，而且会失去人心；快是媒体的活力，是生命，如果媒体提供的信息不快，不仅不能满足读者"先睹为快"的需求，而且会使信息的价值递减。

基于"实、新、快"的理念，我借用"传承文明，开创未来"这两句话，寄希望于《国际金融评论》。"传承文明"，简单地说要了解、熟悉、研究我国的历史和祖先留下的宝贵遗产，前人的创造、发明；"开创未来"简单地说要展望、预测未来，超前认识和实践。结合经济金融领域来说，**"传承文明"就是不忘学习、研究历史、以史为鉴。而"开创未来"就是要创新，只有创新，才有生命力**。经济金融学研究的创新，包括：研究新的课题，提出新的见解，确立新的观点，采纳新的资料，选择新的方法，等等。概括地说就是要运用新的思维方式去考察新的问题，得出新的认识。当前需要强调的是：要注重对微观金融的研究，要注重基础理论研究，要联系到上层建筑去研究，要注重定量研究，要注重对国外金融问题的研究。

对微观金融问题的研究，焦点是家庭个人的金融消费。金融消费不完全等同于消费信贷，金融消费是人们享有金融服务，占有金融产品，进行金融资产的交易，满足人们金融偏好的行为。在人们的货币收入达到一定水平以后，金融消费是人们经济生活中不可缺少的组成部分。

研究金融消费要研究人们对金融消费的需求和金融消费的供给，要研究人们的金融意识，要注重保障消费者的权益。银行如何保障消费者的权益是个新问题，有人熟悉，有人陌生，比如消费贷款有没有歧视性政策和做法，就值得研究。

对基础理论的研究，应注重信用观念的培育，信用道德、信用档案的记录和信用制度的建立等方面。中国人以诚信为本，人无信不立，经济运行无信不顺，每一个人、每一个单位都有自己的信用观念、信用记录，要利用好自己的信用，消费好自己的信用。要把信用观念培育作为全民教育的内容，要把信用意识变为一种法律力量。金融的基础是信用，要研究信誉、信用、信任、信心之间的关系，可以说信誉依托于信用，信用依托于信任，信任依托于信心。对此，金融学要纳入社会学、行为学来研究。

联系上层建筑来研究金融问题，如金融业的税收政策应当如何制定，是比照工商企业，还是比照服务企业，税基、税率、税赋以及征税的环节的合理性和科学性，都须要有理论基础，都须要对它们做出合理的解释。纳税付出是成本的一部分，成本需要补偿，补偿有可能转嫁，转嫁会增加社会公众的负担。要对这些问题做出合理和解释，须要跨学科地研究。

总之，利率作为货币资金的价格，其作用是有限的，它的变化决定于：①货币资金的供求；②汇率的变化；③人们的价值取向；④观念变化；⑤政府政策；⑥作用对象实体的经济实力；⑦社会资本（信用状况）。

从学科建设的角度，当代金融的理论和实际问题，需要相关学科交叉研究、配合研究。教育要适当超前，金融学科的研究也要适当超前。我预祝《国际金融评论》的创刊，在传递金融信息、激发金融研究、加深金融认识、推动金融实践方面，实现预期的效果。

## 参考文献：

[1] 陈玲芳. G20主导下的全球金融治理变革与中国的战略应对 [J]. 福建农林大学学报（哲学社会科学版），2016，19（6）：52-58.

[2] 李巍. 国有商业银行股份制改革探析 [J]. 华北金融，2003（7）：8-11.

[3] 刘克. 美国经济何去何从 [J]. 中国流通经济，2001（3）：42-46.

# 第七章　积极培育中国特色金融文化

习近平总书记在省部级主要领导干部推动金融高质量发展专题研讨班开班式上指出："推动金融高质量发展、建设金融强国，要坚持法治和德治相结合，积极培育中国特色金融文化，做到：诚实守信，不逾越底线；以义取利，不唯利是图；稳健审慎，不急功近利；守正创新，不脱实向虚；依法合规，不胡作非为。"这为新时代新征程推动金融高质量发展、培育中国特色金融文化提供了根本遵循和行动指南，是习近平经济思想的重要组成部分。

我们要认识到培育金融文化的重要性。文化是一个国家、一个民族的灵魂。习近平总书记指出，在五千多年中华文明深厚基础上开辟和发展中国特色社会主义，把马克思主义基本原理同中国具体实际、同中华优秀传统文化相结合是必由之路。"第二个结合"是又一次的思想解放，让我们能够在更广阔的文化空间中，充分运用中华优秀传统文化的宝贵资源，探索面向未来的理论和制度创新，为培育中国特色金融文化指明了方向。

金融文化的核心内容是关于金融的信念、价值观和行为规范。其中，信念引导金融政策、金融制度和金融监管规则的制定，指导金融机构确立职责使命、战略目标和实施路径，指导金融从业人员明确职业定位和行为操守；价值观涉及人们在金融活动中对是非对错、好坏优劣等的基本认识和判断标准；行为规范是金融活动参与者普遍接受的具有一般约束力的行为标准，是金融的信念与价值观的具体化体现。马克思主义和中华优秀传统文化存在高度的契合性，这为培育中国特色金融文化、提升中国金融软实力打开了更为广阔的空间。

金融文化深刻蕴含着当前和远期、局部和全局、发展和安全、特殊和一般的辩证关系，具有引导、激励、约束、创新等作用，影响着金融从业者的价值追求、思维方式、行为模式等。中国自古以来就形成了丰富、优秀的金融思想和文化传统，"农工商交易之路通，而龟贝金钱刀布之币兴焉"和"居安思危，思则有备，有备无患"等理念都与现代金融治理理念高度契合。必须充分运用中华优秀传统文化的宝贵资源，有效推动其在金融领域的创造性转化、创新性发展。

习近平总书记关于金融文化的重要论述，把马克思主义金融理论同当代中国具体实际相结合、同中华优秀传统文化相结合，是马克思主义政治经济学关于金融问题的重要创新成果，开拓了中国特色社会主义政治经济学关于金融理论的新境界，具有十分重大的理论意义和现实意义。

长期以来，我国对金融文化研究不够透，对金融文化的内涵、定位、作用与价值理解不够深，对推进金融文化建设的重要性紧迫性重视不足，没有很好地把金融文化建设与金融业发展有机结合起来，金融文化建设相对滞后，不适应金融高质量发展、建设金融强国的现实需要。我国金融领域存在的一些矛盾和问题，如风险隐患仍然较多、金融服务实体经济的质效不高、金融乱象和腐败问题屡禁不止、金融监管和治理能力薄弱等，都与我国金融文化建设滞后密切相关。

新时代新征程，金融文化已成为推进金融创新的动力源泉、提升金融竞争力的关键因素、金融稳健运行和健康发展的重要支撑，在推动金融高质量发展的过程中具有不可替代的地位和作用。积极培育中国特色金融文化，是提高金融服务实体经济质效、有效防范化解金融风险、提高金融国际竞争力、提升金融软实力的必然要求，更是推动金融高质量发展，建设拥有强大的货币、强大的中央银行、强大的金融机构、强大的国际金融中心、强大的金融监管、强大的金融人才队伍的金融强国的必然要求。必须充分认识金融文化的重要性，积极培育中国特色金融文化。

农耕文化是几千年来中国传统文化的重要组成部分，它强调要敬畏和依存自然，强调人与自然的和谐共生，农民通过耕作、种植、收获等农事活动，与土地、植物、动物形成紧密的联系，培养了农民对自然界的敬畏和感恩之心；它注重家族观念和社会责任，以家庭和家族为基本单位传承家族的血脉和文化传统，强调家庭成员之间的相互依存和社会责任；它倡导勤劳和坚韧的精神，农民需要付出辛勤的劳动和耐心的等待，面对自然的变化和困难，坚持不懈，追求丰收和幸福。这些传统价值的凝聚，为我们提供了宝贵的精神财富。

农耕文化的传统智慧与现代农业的可持续发展密切相关。农耕文化强调尊重自然、保护生态环境，这与现代农业可持续发展的理念相契合。传统农耕的技术和经验，如农事时间的选择、生态肥料的运用等，对现代农业的生产方式和农业生态化具有借鉴意义。农耕文化承载着乡村精神和农民身份的自豪感。在城市化进程中，乡村的发展与农民的幸福密切相关，农耕文化的传承和弘扬有助于激发农民对乡村的热爱和投身乡村建设的积极性。农耕文化是传统文化的重要组成部分，保护和传承农耕文化有助于维护国家文化的多样性和独特性。

金融业的发展必须要有金融文化支撑，不仅金融业的发展包括绿色金融，与自然界相辅相成，而且文化的精神是金融业健康发展的必备条件。我国在经济社会发展过程中倡导"工匠精神"。工匠精神（Craftsman's spirit）是一种职业精神，它是职业道德、职业能力、职业品质的体现，是从业者的一种职业价值取向和行为表现。"工匠精神"的基本内涵包括敬业、精益、专注、创新等方面。

对这四方面精神的诠释如下：

### 1. 敬业

敬业是从业者基于对职业的敬畏和热爱而产生的一种全身心投入的认认真真、尽职尽责的职业精神状态。中华民族历来有"敬业乐群""忠于职守"的传统，敬业是中国人的传统美德，也是当今社会主义核心价值观公民个人层面的要求之一。早在春秋时期，孔子就主张人在一生中始终要"执事敬，事思敬，修己以敬"。"执事敬"，是指行事要严肃认真不怠慢；"事思敬"，是指临事要专心致志不懈怠；"修己以敬"，是指要加强自身修养，保持恭敬谦逊的态度。

### 2. 精益

精益就是精益求精，是从业者对每件产品、每道工序都凝神聚力、追求极致的职业品质，是指已经做得很好了，还要求做得更好，"即使做一颗螺丝钉也要做到最好"的精神特质。正如老子所说，"天下大事，必作于细"。能基业长青的企业，无不是精益求精才获得成功的。

### 3. 专注

专注就是内心笃定而着眼于细节的耐心、执着、坚持精神，这是一切"大国工匠"所必须具备的精神特质。从国内外实践经验来看，工匠精神都意味着一种执着，即一种几十年如一日的坚持与韧性。"术业有专攻"，一旦选定行业，就要一门心思扎根下去，心无旁骛地在一个细分产品上不断积累优势，力争在各自的领域成为"领头羊"。在中国早就有"艺痴者技必良"的说法，如《庄子》中记载的游刃有余的"庖丁解牛"、《核舟记》中记载的奇巧人王叔远等。

## 4. 创新

"工匠精神"还包括追求突破、追求革新的创新内蕴。古往今来，热衷于创新和发明的工匠们一直是世界科技进步的重要推动力量。新中国成立初期，我国涌现出一大批优秀的工匠，如倪志福、郝建秀等，他们为社会主义建设事业做出了突出贡献。改革开放以来，"汉字激光照排系统之父"王选、充电电池的制造商王传福、从事高铁研制生产的铁路工人和从事特高压、智能电网研究运行的电力工人等都是"工匠精神"的优秀传承者，他们让中国创新重新影响了世界。

按照习近平总书记的指示：要积极培育中国特色的金融文化，继承和发扬中华民族传统的优秀文化、着力践行"工匠精神"，适应国内外的发展趋势，"金融强国"灿烂的明天，一定会到来。

**这部分内容参考了《红旗文稿》中的《论"工匠精神"》一文。**

📖 **拓展**

# 诚实守信，不逾越底线
## ——积极培育中国特色金融文化①

*《人民日报》评论部*

国家艺术基金资助项目、新编历史晋剧《日昇昌票号》里有这样的情节：当饥寒交迫的魏老太拿着被水浸过的汇票来兑银子，伙计难辨数额怎么办？日昇昌票号大掌柜雷履泰责人详查账目底簿，一旦查到具体数据，则当机立断：兑！当伙计忽略差价少给客商兑了七两八钱银子怎么办？雷履泰斩钉截铁，补齐！正是靠着这种诚信精神，日昇昌票号实现了分号遍布全国几十个城市、商埠重镇，以"汇通天下"闻名于世。

2022年1月27日，正在山西晋中考察调研的习近平总书记来到日昇昌票号博物馆，了解晋商文化和晋商精神的孕育、发展等情况，强调"要坚定文化自信，深入挖掘晋商文化内涵，更好弘扬中华优秀传统文化，更好服务经济社会发展和人民高品质生活"。这是对历史的深刻总结，也是对金融文化传承创新的明确要求。

推动金融高质量发展、建设金融强国，离不开文化的滋养浸润。在省部级主要领导干部推动金融高质量发展专题研讨班开班式上，习近平总书记鲜明提出培育和弘扬中国特色金融文化这一重大课题，深刻阐明中国特色金融文化五个方面的实践要求。中国特色金融文化，既吸收了中华优秀传统文化精髓，又彰显了现代金融元素、金融理念、金融精神，是"两个结合"特别是"第二个结合"在金融领域的生动体现。其中，"诚实守信，不逾越底线"居于首位。推动我国金融高质量发展、建设金融强国，必须深入贯彻落实这一实践要求。

"信，国之宝也，民之所庇也。"中华优秀传统文化强调重信守诺，诚实守信是中华民族在长期社会活动中积累的道德观、经营观的重要体现。四川成都，交子金融博物馆，"千斯仓"钞版印样等展品，无声讲述着世界最早纸币"交子"的故事。北宋初年，成都已是内陆繁华的商贸中心，各地商旅云集于此。当时四川用铁钱，买一匹绢需要90斤到100斤的铁钱，携带不便。为破解"值轻量重"的难题，成都出现了经营铁钱保管业务的"交子铺"。存款人把铁钱交给铺子，铺子用楮纸印刷纸券作为支付凭证，上面清晰标注了用户存放的铁钱数量，供其异地兑现，这种楮纸券即为"交子"。以信用为依托，一张张薄薄的纸券，成为蜀地商贸业繁盛的重要支撑。从商鞅"徙木立信"，到季布"一诺千金"，再到"交子"以信兴商，对诚信的重视与追求，深深融入中国人的精神血脉。时代在变，但诚实守信始终是我们不变的价值追求。

金融行业以信用为基础，没有信用就没有金融。小到个人办理信用卡，大到企业获得融资授信，金融活动时时刻刻建立在信用之上。新时代以来，针对资金空转、套利等现象，开展市场乱象专项治理；扎实推动中小金融机构改革化险，加强金融机构公司治理；出台《金融控股公司监督管理试行办法》《系统重要性银行评估办法》《系统重要性保险公司评估办法》等文件，防范化解金融风险取得重要成果。截至 2023 年年末，我国银行机构通过全国一体化融资信用服务平台网络累计发放贷款 23.4 万亿元，信用在金融风险识别、监测、管理、处置等环节的基础作用得以发挥，让"诚实守信，不逾越底线"更加深入人心。积极培育中国特色金融文化，方能筑牢金融高质量发展的"诚信之基"。

积极培育中国特色金融文化，既要靠自律，也要靠他律。一方面，应在金融系统大力弘扬中华优秀传统文化，引导金融机构和从业人员恪守市场规则和职业操守，将诚实守信融入各项业务，自觉履行社会责任和服务承诺；要发扬铁算盘、铁账本、铁规章精神，始终不做假账，诚实经营，珍惜信誉，不逾越底线。另一方面，应加强社会信用体系建设，加快构建完备有效的金融监管体系，健全符合我国国情的金融法治体系。坚持法治和德治相结合，中国特色金融文化将为金融高质量发展提供更优质的软环境。

习近平同志在浙江工作时，曾以百年老店胡庆余堂的故事阐释"坚守讲义守信的品行和操守"——"大堂内挂着的是'戒欺'的牌匾，告诫员工牢记诚信经营；大堂外挂的是'真不二价'的招牌，接受客户的评定监督"。对于金融行业而言，诚实守信更是安身立命、不断发展的生命线。既加强现代金融机构和金融基础设施等"硬实力"建设，也促进价值观、行为规范等"软实力"提升，推动金融机构和从业人员将"诚实守信，不逾越底线"扎扎实实落实在本职岗位上、具体行动中，就一定能不断谱写金融高质量发展新篇章。

## 以义取利，不唯利是图
### ——积极培育中国特色金融文化②
#### 《人民日报》评论部

金融具有功能性和营利性双重特性。能否平衡好两者之间的关系，决定着金融机构能否行稳致远。

讲信义、扬正义、弘大义，在服务实体经济中实现自身价值，在推动高质量发展中获得合理回报，实现经济与金融共生共荣。

为改造污水处理厂，浙江之恩环保产业园2023年向银行提出贷款申请。没想到，该产业园不仅获得了台州银行2000万元的授信，贷款利率还比同类型贷款下浮了近30%。

利率为何会降低？原来，通过台州数智金融服务平台，台州银行工作人员确认这笔贷款符合"绿色贷款"标准，于是主动给予利率优惠，支持企业绿色转型。让产业更绿色，让企业轻装前行，金融机构主动让利，生动体现了义利兼顾、以义为先的经营理念。

金融具有功能性和营利性双重特性。能否平衡好两者之间的关系，决定着金融机构能否行稳致远。在省部级主要领导干部推动金融高质量发展专题研讨班开班式上，习近平总书记强调"要坚持法治和德治相结合，积极培育中国特色金融文化"，并深刻阐明中国特色金融文化五个方面的实践要求，"以义取利，不唯利是图"是其中一个重要方面。"义然后取，人不厌其取"。义和利是有机统一的，只有义利兼顾才能义利兼得，只有义利平衡才能义利共赢。金融行业要树立正确的经营观，把"以义取利，不唯利是图"的实践要求真正落到实处，坚持在有效服务经济社会发展中创造价值和利润，实现社会效益和经济效益的统一。

"先义而后利者荣，先利而后义者辱"。中华优秀传统文化向来倡导见利思义、义在利先，反对见利忘义、唯利是图。在我国传统商帮中，晋商"利以义制"的行商准则，徽商"以义为利"的经营理念，浙商"义利双行"的价值追求，无不蕴含着义利兼顾的经济伦理。清代一名徽商购有大批粮食，赶上灾荒之年却未趁机涨价，而是将全部粮食减价出售。他说："能让老百姓度过灾年，重新复苏，才是大利。"金融行业要坚持古为今用，从中华优秀传统文化中汲取营养，正确认识"义"和"利"，不断擦亮中国特色金融文化的"底色"。

金融是国民经济的血脉，在义利之间取得平衡，才能保持健康的循环。党的十八届三中全会正式提出"发展普惠金融"以来，我国金融服务覆盖面逐步扩大，重点领域金融服务可得性持续提升，截至去年8月末，普惠型小微企业贷款余额达27.4万亿元，利率优惠、财政贴息的脱贫人口小额信贷累计发放9 600多亿元，支持2 300多万户次。以宁夏西海固地区的蔡川村为例，该村贫困人口占比曾一度达到79%，年人均纯收入不到2 000元。邮储银行通过"产业引领+能人带动+金融帮扶"的金融扶贫模式，"贷"动农户拔掉了穷根。而把目光投射到更广领域，"小微外贸荟"打通小微外贸企业融资痛点，农业保险、苹果期货助力农民防范风险，一个个"小场景"中，普惠金融释放出推动经济社会发展的"大能量"。前进道路上，金融行业要进一步树牢正确义利观，将社会责任融入企业发展全过程，在服务国家战略、地方发展和人民群众生产生活等方面发挥更大的作用。

今天，我们正在以中国式现代化全面推进强国建设、民族复兴伟业。金融行业要发挥自身业务特色，为经济社会发展提供高质量服务。无论是助力乡村全面振兴，还是支持小微经营主体可持续发展，或是为城镇低收入人群等特殊群体提供适当、有效的金融服务，都是中国特色金融文化必须坚持的"义"。坚持走中国特色金融发展之路，必须自觉抵制唯利是图、金钱至上等观念，讲信义、扬正义、弘大义，在服务实体经济中实现自身价值，在推动高质量发展中获得合理回报，实现经济与金融共生共荣。要做好科技金融、绿色金融、普惠金融、养老金融、数字金融五篇大文章，在惠民利民上下更大功夫，让人民群众更好分享现代化建设成果。

在一次全国两会上，谈到乡村金融，习近平总书记关切询问："钱有没有真正用到农民身上？"把钱真正用到该用的地方去，这是金融行业应当追求的目标。新征程上，坚持以人民为中心的价值取向，积极培育和弘扬中国特色金融文化，践行"以义取利，不唯利是图"的实践要求，坚持把金融服务实体经济作为根本宗旨，中国特色金融发展之路一定能越走越宽广，金融行业也一定能在更好支撑中国式现代化建设中书写属于自己的精彩篇章。

# 稳健审慎，不急功近利
## ——积极培育中国特色金融文化③
《人民日报》评论部

稳健审慎，既汲取千年文脉精髓，又彰显现代金融元素、金融理念、金融精神，既是金融业内普遍认同的"铁律"，也是推动金融强国建设的必然要求。

既看当下，更看长远，不贪图短期暴利，不急躁冒进，不超越承受能力而过度冒险，做到稳健经营、审慎监管、有序推进，才能持续推动我国金融机构、金融行业实现由大到强的转变。

9天如何完成15亿元的跨境资金清算？成立当年就盈利靠的是什么？浙江义乌小商品城自有支付品牌上线以来，累计为超2万个商户开通跨境人民币账户，跨境清算资金超85亿元。实现从0到1的跨越式发展，绝非一朝一夕之功，离不开10多年推进跨境贸易人民币结算试点的厚积薄发，也离不开结算方式、交易场景、监管措施等的不断完善，体现的正是稳健审慎、稳中求进的工作原则。

金融是"国之大者"，建设金融强国需要久久为功，在省部级主要领导干部推动金融高质量发展专题研讨班开班式上，习近平总书记着眼于推动金融高质量发展、建设金融强国，深刻阐明中国特色金融文化五个方面的实践要求，强调要做到"稳健审慎，不急功近利"。党的十八大以来，从稳慎扎实推进人民币国际化，到有序扩大数字人民币试点范围，再到持续加强对金融创新的审慎监管，正是因为始终坚持稳中求进工作总基调，审慎推进各项政策举措，筑牢金融安全网和防火墙，中国特色金融发展之路越走越宽广、越稳健。可以说，稳健审慎，既汲取千年文脉精髓，又彰显现代金融元素、金融理念、金融精神，既是金融业内普遍认同的"铁律"，也是推动金融强国建设的必然要求。

中华优秀传统文化强调"欲速则不达，见小利则大事不成"，视"稳健审慎"为君子之品、成事之道，这是在长期实践中积淀的经营智慧和生存法则，金融业是特殊的高风险行业，尤需树立正确的经营观、业绩观、风险观。一方面要看到，金融是国民经济的血脉，现代金融发展呈现出机构种类多、综合经营规模大、产品结构复杂、交易频率高、跨境流动快、风险传递快、影响范围广等特点。金融业应当将安全性作为首要原则，把防控风险作为永恒主题。另一方面要看到，建设金融强国必须拥有强大的货币、强大的中央银行、强大的金融机构等关键核心要素，实现这些目标不可能毕其功于一役，不能违背客观规律贪功冒进、盲目决策。当前，我国发展面临的外部环境更趋复杂严峻，不确定难预料因素增多，积极培育和弘扬中国特色金融文化，坚决做到"稳健审慎，不急功近利"，牢牢守住不发生系统性金融风险的底线，对金融业高质量发展至关重要。

如今，我国金融业对外开放不断扩大。更要处理好稳和进、当前和长远的关系，在守住根基、稳住阵脚的基础上积极进取，提高开放条件下经济金融管理能力和防控风险能力，以"一带一路"金融合作为例，去年正式开通运营的雅万高铁为地区经济社会发展注入活力，这一项目正是由中国国家开发银行提供融资支持的。面对一些国家存在建设资金缺口、重大项目融资需求较大等情况，我国开展多种形式的国际金融合作，提供优质金融服务、拓宽多样化融资渠道，促进互惠互利，雅万高铁正是其中一项重要合作成果。与此同时，我国与共建国家金融监管合作不断加强，建立起区域高效监管协调机制，完善了危机管理和处置框架，提高了共同应对金融风险的能力。实践启示我们，稳是大局和基础，进是方向和动力，稳扎稳打才能行稳致远；既看当下，更看长远，不贪图短期暴利，不急躁冒进，不超越承受能力而过度冒险，做到稳健经营、审慎监管、有序推进，才能持续推动我国金融机构、金融行业实现由大到强的转变。

备豫不虞，为国常道。去年全国两会上，有政协委员建议加大力度引导更多长期资本入场，打通金融支持科创"最先一公里"和"最后一公里"。习近平总书记叮嘱道，决定做一件事情后，怎么推动起来，还是要好好研究，做好周全准备，必要时先行试点，对金融机构和金融行业从业者而言，要把中国特色金融文化内化于心、外化于行，把"稳健审慎，不急功近利"的要求落实到金融活动全过程各领域各环节，一步一个脚印，为建设金融强国作出应有贡献。

## 守正创新，不脱实向虚
### ——积极培育中国特色金融文化④
#### 《人民日报》评论部

创新是推动金融业前行的动力，但创新必须以守正为前提，不能搞伪创新、乱创新，要紧紧围绕更好服务实体经济、便利人民群众推动创新。

坚持把金融服务实体经济作为根本宗旨，把更多金融资源用于促进科技创新、先进制造、绿色发展和中小微企业，疏通资金进入实体经济的渠道。

胶农张华，闲时会查看期货价格和走势图、橡胶、蔗糖等农产品价格波动大，容易对农产收入造成较大影响。2017年3月开始，上海期货交易所推出橡胶"保险+期货"业务。这一业务创新，帮助张华们在市场剧烈波动时获得有效保障，也为天然橡胶产业的发展提供助力。

去年中央金融工作会议举行后不久，习近平总书记赴上海考察，第一站就来到上海期货交易所，勉励"要加快建成世界一流交易所，为探索中国特色期货监管制度和业务模式、建设国际金融中心作出更大贡献"。近年来，我国期货市场规模稳步扩大、品种体系不断丰富，以专业所长服务实体所需，以创新发展支持国家战略，以特色监管守牢风险底线，生动体现了中国特色金融文化"守正创新"的实践要求。

创新是推动金融业前行的动力，但创新必须以守正为前提，不能搞伪创新、乱创新，要紧紧围绕更好服务实体经济、便利人民群众推动创新。在省部级主要领导干部推动金融高质量发展专题研讨班开班式上，习近平总书记强调"积极培育中国特色金融文化"，其中一个重要方面就是"守正创新，不脱实向虚"。新时代以来，我国金融改革发展取得新的重大成就，金融创新为经营主体茁壮成长注入资金"活水"，为民生事业发展"添砖加瓦"，有力支撑了经济社会高质量发展，也不断印证着"守正创新，不脱实向虚"的重要意义。

守正为本，创新为要，习近平总书记指出："中华民族是守正创新的民族。"守正、意味着恪守正道、把握根本，创新意味着勇于探索、开辟新境，我们的先人们早就提出"周虽旧邦，其命维新""苟日新，日日新，又日新"，历史告诉我们，知常明变者赢，守正创新者进。只有将守正和创新结合起来，才能够在强基固本中发展壮大。新时代新征程，我们要汲取中华优秀传统文化的精华和智慧，以守正创新之力，为金融高质量发展夯基铸魂。

守正才能不迷失自我、不迷失方向，习近平总书记强调，"中国式现代化不能走脱实向虚的路子"。实体经济是金融的根基，金融是实体经济的血脉，二者共生共荣，正所谓"农工商交易之路通，而龟贝金钱刀布之币兴焉"。金融要创新，关键要解决好为谁服务、为谁创新的问题，不能打着创新的名义，盲目铺摊子，大搞资金体内循环和脱实向虚。在福建霞浦，民宿老板在银行绿色通道支持下取得信用贷款进行扩建；在浙江安吉，当地金融机构单列支持制造业高质量发展专项资金……坚持把金融服务实体经济作为根本宗旨，把更多金融资源用于促进科技创新、先进制造、绿色发展和中小微企业，疏通资金进入实体经济的渠道，解决好金融机构在内控管理、资产质量、服务水平、竞争能力等方面不适应实体经济发展的问题，才能真正为实体经济高质量发展赋能。

创新才能把握时代、引领时代，山东青岛一家公司研制的特种润滑材料市场前景广阔，但因为轻资产运营，传统银行授信机制难以满足其资金需求。一家金融机构提高企业研发能力、技术优势、专利质量等要素在审批模型中的权重，为这家公司提供了 1 000 万元的授信额度，以"金融创新因子"呵护了"科技创新种子"。近年来，从服务高风险、高成长性的科技型企业，到支持周期长、回报慢的乡村产业项目，广大金融机构坚持守正创新，做好产品服务开发，为开辟发展新领域新赛道、塑造发展新动能新优势注入了强劲动力。面向未来，坚持在市场化法治化轨道上推进金融创新发展，中国特色金融发展之路必将愈行愈开阔。

揆诸历史，中华文明既强调"固本培元"，又推崇"改革创新"。奋进新征程，在金融产品和服务上推陈出新，在支持实体经济做优做强上持之以恒，积极培育中国特色金融文化，我们就一定能以守正创新的正气和锐气，谱写新时代金融高质量发展的新篇章。

## 依法合规，不胡作非为
### ——积极培育中国特色金融文化⑤
#### 《人民日报》评论部

金融业与货币打交道，天然面临着较高的道德风险、操作风险，必须始终坚持依法经营、合规操作，不能胡作非为、突破底线。

要不断创新方式方法，推动法治宣传教育常态化制度化，让金融从业者真正秉承合规理念、强化合规意识、坚守合规经营底线。

宣读起诉状、答辩、举证、质证、辩论……江西抚州南丰县，一场以金融借款合同纠纷案为素材的模拟法庭在当地一家银行举行。法院工作人员担任审判员，银行职工分别扮演原告、被告角色，高度还原庭审全过程，为现场观摩的 60 多名金融机构代表上了一堂生动的法治课。各地生动的普法实践，引导广大金融从业者依法合规开展工作、为推进金融法治建设提供助力。

"法者，天下之准绳也。"金融业与货币打交道，天然面临着较高的道德风险、操作风险、必须始终坚持依法经营、合规操作，不能胡作非为、突破底线。在省部级主要领导干部推动金融高质量发展专题研讨班开班式上，习近平总书记强调"积极培育中国特色金融文化"，其中一个重要方面就是"依法合规，不胡作非为"。新时代以来，从强化反垄断、防止资本无序扩张、依法将各类金融活动全部纳入监管，到建立金融领域定期修法协调机制、推进金融领域修法工作进程，从夯实债券市场法律基础、持续加大对违法违规行为打击力度，到严厉打击非法集资、加强金融监管执法等，我国金融法治建设扎实推进，充分发挥法治的引领规范保障作用，不断增强金融从业者法治意识，合规意识，才能为我国金融高质量发展提供有力支撑。

中华优秀传统法律文化蕴含丰富法治思想和深邃政治智慧。"不别亲疏，不殊贵贱，一断于法""虽有巧目利手，不如拙规矩之正方圆也""奉法者强则国强，奉法者弱则国弱"，无不体现着对法律、规则的重视。金融领域是强监管、重规则的领域，金融运营特别讲究依法合规。回顾历史，我国古代票号能稳健经营，就离不开严格的内部管理制度：票号的掌柜和店员之间相互监督，东家和股东也会定期督查，以防出现内部纰漏。今天，实现金融高质量发展，更需要金融机构和从业人员严格遵纪守法，遵守金融监管要求，自觉在监管许可的范围内依法经营，不能靠钻法规和制度空子、规避监管来逐利，而要让尊崇法律、敬畏规则、依法合规经营成为思想自觉、行动自觉。

立法是法治的基础，良法是善治的前提。涵养法治意识、推进金融法治建设，首先要做好金融立法工作。中央金融工作会议指出："要加强金融法治建设，及时推进金融重点领域和新兴领域立法，为金融业发展保驾护航。"近年来，新证券法、期货和衍生品法等陆续出台；金融稳定法立法稳步推进；最高法先后就科创板、创业板、北交所出台司法保障意见；数量众多、更为细化的部门规章和规范性文件不断推出……我国金融立法不断完善，立法质量和效率不断提升。进一步织密金融法网、补齐制度短板，将为培育中国特色金融文化提供良好土壤。同时，徒法不足以自行。不断完善金融监管体制机制，让金融监管"长牙带刺"、有棱有角，推动金融机构继续加强内控合规建设，才能真正把法律和制度优势转化为治理效能，确保金融业在法治轨道上行稳致远。

明法于心，守法于行。只有铭刻在人们心中的法治，才是真正牢不可破的法治、形成依法合规的金融文化，要在入脑入心上下功夫。举办"防范金融犯罪"合规培训暨警示教育活动；将法治文化培育工作纳入法律风险管理考评指标，发挥考核指挥棒作用；开展清廉金融文化及合规建设网络知识问答活动，以"赛"促学、以学促用……各地金融机构开展内容丰富、形式多样的法治宣传教育，让警钟长鸣，让敬畏常在。前进道路上，要不断创新方式方法，推动法治宣传教育常态化制度化，让金融从业者真正秉承合规理念、强化合规意识、坚守合规经营底线，在金融领域形成依法合规的浓厚文化氛围。

依法合规是金融业稳健运行的基石。新征程上，更好发挥法治固根本、稳预期、利长远的保障作用，加强金融法治建设，让依法合规的意识牢牢扎根在广大金融从业者心间，厚植中国特色金融文化，我们就一定能推动金融高质量发展，为金融强国建设提供坚实保障。

## 参考文献：

［1］包炜杰.公有制与市场经济：所有制的理论反思与实践创新［J］.兰州大学学报（社会科学版），2022，50（1）：78-86.

［2］王爱萍，胡海峰.新发展阶段我国金融风险的新特点、新挑战及防范对策［J］.人文杂志，2021（12）：99－108.

［3］董华.会计人才需求调研对职业院校培养工匠精神的启示［J］.中国商论，2018（36）：188－189.

［4］徐耀强.论"工匠精神"［J］.红旗文稿，2017（10）：25－27.

# 第八章 编著者导读及评论员观点

## 一、编著者导读

### 1. 以香港和上海为例，建设强大的国际金融中心

建设强大的国际金融中心，要在增强国际影响力方面下功夫，不断拓展参与全球经济金融治理和国际金融合作的广度和深度，不断优化金融机构差异化发展路径，培育更多具有国际竞争力的金融机构，推动金融机构由"大"变"强"。

打造国际金融中心是加快建设金融强国的题中之义，是推进金融高水平开放的重要举措。在省部级主要领导干部推动金融高质量发展专题研讨班开班式上，习近平总书记深刻阐释了金融强国应当具备的其中一个关键核心金融要素，就是要拥有"强大的国际金融中心"。

受历史、区位等因素影响，全球不同地区的国际金融中心各具特色，上海和香港的国际金融中心也各有自身的特色和优势。2023 年举行的中央金融工作会议明确提出："增强上海国际金融中心的竞争力和影响力，巩

固提升香港国际金融中心地位。"上海国际金融中心建设是国家战略。新时代以来，锚定金融与科技融合创新的引领者、服务绿色低碳转型的示范样板、金融风险管理与压力测试的试验区目标，上海国际金融中心建设稳步推进。今天的上海，已经基本建成与我国经济实力以及人民币国际地位相适应的国际金融中心。香港国际化程度高，是连接中国内地同世界各地的重要桥梁和窗口，再加上其良好的法治环境、完善的金融生态、充足的人才资源，优势显著。自香港回归祖国以来，香港金融业国际竞争力和全球影响力日益展现出强大韧性与活力，国际金融中心地位更加稳固。

强大的国际金融中心往往会产生较强的金融资源集聚效应，并拥有较强的金融资源配置能力。在上海，金融资源集聚效应进一步显现。比如，金融机构高度集聚，2023 年上海持牌金融机构新增 47 家、总数达 1 771 家。资金高度集聚，截至 2022 年年末，在沪银行理财、保险资管、信托、券商私募资管、公募基金及私募基金六大资管类别合计规模超过 35.9 万亿元（未含基金专户和期货资管），占全国六大资管类别资产管理总规模的比例超过 28.4%。金融人才高度集聚，截至 2023 年10 月底，上海浦东新区金融从业人员超过 35 万人，占浦东总就业人口的比例达 8.9%。香港则是众多国际知名银行、保险公司、证券公司等金融机构的亚洲总部所在地，也是全球重要的财富管理市场。截至 2022 年年底，香港资产管理总额超过 4 万亿美元，且其中 2/3 的资金来自香港以外的市场。用好这些金融资源，持续提升对金融资源的吸引力和配置能力，上海和香港的国际金融中心建设就能迸发更强大的动能。

金融机构是金融强国建设的重要微观基础。在省部级主要领导干部推动金融高质量发展专题研讨班开班式上，习近平总书记强调，要拥有"强大的金融机构"，建立健全"分工协作的金融机构体系"，这对于我们做好新时代金融工作具有重要指导意义。

经过持续发展，我国已形成了覆盖银行、证券、保险、信托、基金、期货等领域，种类齐全、竞争充分的金融体系。我国金融机构综合实力和影响力不断增强，"大"已经成为我国金融机构体系的显著特征。统计显示，我国金融业机构总资产超过 450 万亿元，银行业金融机构数量达 4 000 多家。从全球范围看，我国银行业资产总规模居全球第一，股票、债券、保险的规模居全球第二。但也要清醒认识到，我国金融机构还存在发展水平参差不齐、竞争力不够强等问题，金融服务实体经济的质效仍不够高，金融机构的国际影响力有待进一步提升。加快建设金融强国，必须不断优化金融机构差异化发展路径，培育更多具有国际竞争力的金融机构，推动金融机构由"大"变"强"。

打造强大的金融机构，需要深刻把握金融机构与实体经济之间的关系。习近平总书记强调"坚持把金融服务实体经济作为根本宗旨"，指出"要以金融体系结构调整优化为重点，优化融资结构和金融机构体系、市场体系、产品体系，为实体经济发展提供更高质量、更有效率的金融服务"。真正强大的金融机构，应当以服务实体经济为出发点和落脚点，不断提升服务能力和质效，为实现经济高质量发展提供有力支撑。

金融机构的发展应抓住重点、持续发力，在以下几个方面做优做强。拓展功能，优化金融体系结构，在深化国有商业银行改革、加快完善中小银行和农村信用社治理结构的同时，规范发展非银行金融机构，建设一流证券基金经营机构，形成一批精品投资银行；加强分工协作，推动各类金融机构坚守宗旨、回归本源，找准定位、优势互补，切实增强金融机构竞争和服务能力；坚持以人民为中心的价值取向，丰富金融产品和服务，改善金融供给，尤其要注重加强对重点领域和薄弱环节的支持，做好科技金融、绿色金融、普惠金融、养老金融、数字金融五篇大文章，不断适应经济高质量发展新要求；拓展国际业务，不断提升在国际金融市场中的影响力和竞争力，为企业出海提供金融支持，助力高水平对外开放；坚持依法合规经营，不断改善公司治理体系，提升风险抵御能力，严守底线、不越红线，实现稳健经营。

纵观全球金融发展史，金融强国无不拥有强大的金融机构。新时代新征程，要着力打造现代金融机构，完善机构定位，建立健全分工协作的金融机构体系，不断提升金融服务实体经济的质效，以金融高质量发展助力强国建设、民族复兴伟业。

强大的国际金融中心还要形成强大的国际影响力，这不仅反映在能够掌握重点金融产品的定价权，还体现于重大国际金融规则、标准制定时的话语权。比如，截至2023年年底，上海期货交易所期货期权品种已有32个，包括"上海油""上海铜""上海金"等在内的"上海价格"的国际影响力不断提升。再比如，落户上海的金砖国家新开发银行，正成为新兴经济体参与国际金融体系改革的重要平台；上海金融法院积极优化涉外金融审判机制，形成的"上海规则"影响广泛。建设强大的国际金融中心，要在增强国际影响力方面下功夫，不断拓展参与全球经济金融治理和国际金融合作的广度和深度。

面向未来，我国要着力建设强大的国际金融中心，增强上海国际金融中心的竞争力和影响力，巩固提升香港国际金融中心地位，为实现金融高质量发展、加快建设金融强国提供强大助力。

## 2. 积极参与国际金融监管改革

要深化金融体制改革，推进金融安全网建设，不断提升金融监管的能力和水平，全力守住不发生系统性风险的底线。

要坚持底线思维、增强忧患意识，着力打造完备有效的金融监管体系，构建强大的金融监管，不忽视一个风险、不放过一个隐患。

要抢抓机遇、主动作为，充分利用各种资源和平台积极参与国际金融监管规则的重塑，加强跨境金融监管合作。

完善金融监管是推进国家治理体系和治理能力现代化的内在要求。在省部级主要领导干部推动金融高质量发展专题研讨班开班式上，习近平总书记深刻阐释了金融强国应当具备的其中一个关键核心金融要素，就是拥有"强大的金融监管"。新时代以来，我国不断深化金融监管体系改革，推动监管标准统一、监管效率提升，同时积极参与国际金融监管改革。我国金融监管体系不断健全，为推动金融高质量发展提供了坚实保障，但也要清醒认识到，金融乱象和腐败问题屡禁不止，金融监管和治理能力依旧薄弱，经济金融风险隐患仍然较多。面向未来，必须着力构建强大的金融监管，以严密过硬的监管保障金融稳定发展。

金融监管对于实现经济社会发展目标任务、更好统筹发展和安全，具有重要意义。强大的金融监管有助于识别、防范、化解、处置金融风险，有效维护金融稳定和安全。在保护金融消费者权益和投资者利益、维护经营主体信心方面，金融监管同样不可或缺。完备有效的金融监管还能助力金融服务实体经济质效提升，促进经济高质量发展，避免经济脱实向虚。着眼未来，必须加快建设中国特色现代金融体系，建立健全有效的金融监管体系，才能为经济社会高质量发展提供强有力的金融支撑。

构建强大的金融监管，需要深化思想认识。比如，做好金融工作，必须坚持党中央集中统一领导，金融监管是金融工作的重要组成部分，必须在党中央集中统一领导下开展；遵循法治理念，既要提高金融监管的透明度和法治化水平，也要在市场准入、审慎监管、行为监管等各个环节做到严格执法；加强协调配合，既需要各地立足一域谋全局，落实好属地风险处置和维稳责任，也需要金融管理部门和宏观调控部门、行业主管部门、司法机关、纪检监察机关等部门加强监管协同，健全权责一致的风险处置责任机制。金融监管是系统工程，只有加强党的领导，依法实施监管，强化监管协同，才能形成合力，有效防范化解金融风险。

一分部署，九分落实。打造完备有效的金融监管体系，应聚焦重点难点，久久为功、狠抓落实。要持续推进金融监管领域法治建设，更好发挥法治固根本、稳预期、利长远的保障作用，在法治轨道上加强金融监管。落实金融监管全覆盖，坚持对风险早识别、早预警、早暴露、早处置，健全具有硬约束的金融风险早期纠正机制，同时按照"管合法更要管非法"的要求，依法将所有金融活动全部纳入监管，实现金融监管横向到边、纵向到底。落实强监管、严监管要求，紧盯"关键事、关键人、关键行为"，严格执法、敢于亮剑，让金融监管"长牙带刺""有棱有角。我们应积极参与国际金融监管改革，深化国际金融合作，推动全球金融治理朝着更加公正合理的方向发展。

党的二十大报告提出，要"加强和完善现代金融监管"。在前进道路上，坚持底线思维、增强忧患意识，着力打造完备有效的金融监管体系，构建强大的金融监管，不忽视一个风险、不放过一个隐患，严抓不放、常抓不懈，我们就一定能有效防范化解金融风险，让中国特色金融发展之路越走越宽广。

国际金融监管规则是全球金融治理体系的重要组成部分。在省部级主要领导干部推动金融高质量发展专题研讨班开班式上，习近平总书记强调，要"积极参与国际金融监管改革"。准确把握当前国际金融监管演变的特点，积极应对风险挑战，努力参与国际金融监管规则的重塑，对于推动金融强国建设、增强我国国际竞争力和规则影响力具有重要意义。

国际金融监管为跨境支付结算、国际贸易投资、跨境金融服务等提供了坚实保障，对打击非法跨境金融活动、防范化解各类金融风险等具有重要作用。跨境自由流动的可兑换数字货币的出现和发展，也要求各国央行及国际组织密切监管合作。因此，完善全球金融治理迫在眉睫。

加快构建中国特色现代金融体系，建立健全完备有效的金融监管体系，为我国深度参与全球金融治理夯实基础。比如，坚持法治化原则，加强金融领域信用体系建设；强化市场规则，打造规则统一、监管协同的金融市场，促进长期资本形成；完善机构定位，支持国有大型金融机构做优做强，当好服务实体经济的主力军和维护金融稳定的压舱石，严格中小金融机构准入标准和监管要求，立足当地开展特色化经营，强化政策性金融机构职能定位，发挥保险业的经济减震器和社会稳定器功能；切实提高金融监管的有效性，依法将所有金融活动全部纳入监管，全面强化机构监管、行为监管、功能监管、穿透式监管、持续监管；等等。做好这些工作，不仅能为我国金融高质量发展提供强大助力，也将为我国加快融入全球金融体系、积极参与国际金融监管改革筑牢坚实根基。

采取正确的策略方法，提供强有力的人才支撑。比如，通过深入调查研究，加深对现有国际金融监管框架中各类弊端、缺陷的认识和理解；坚持先立后破，针对国际金融监管中存在的风险、漏洞提出具有创新性、建设性的规则和机制；坚持多边主义原则，加强同各方协商沟通，在推动改革中寻求最大公约数；敢于突入创新"无人区"，在全球数字金融监管方面大胆探索，提出具有全球影响力的数字金融监管规范；等等。更好地参与国际金融监管改革的关键在人才，应通过强化专业教育、畅通人才交流渠道等方式，着力培养人才、吸引人才，持续提升我国参与国际金融监管的人才素质和能力水平。

积极参与国际金融监管改革，是推进金融高水平开放、确保国家金融和经济安全的题中应有之义，也是我国深度参与全球治理的一个重要方面。面向未来，抢抓机遇、主动作为，充分利用各种资源和平台积极参与国际金融监管规则的重塑，加强跨境金融监管合作，我们就一定能推动形成更加完善的国际金融监管体系，与各方携手构建公正高效的全球金融治理格局。

**这部分内容参考了《人民日报》2024年2月8日及2024年2月23日的报道**

### 3. 以义取利，仁义在先

什么才是以义取利，或者说怎样才算以义取利？《以义取利，不唯利是图——积极培育中国特色金融文化②》一文中指出，在我国传统商帮中，晋商"利以义制"的行商准则，徽商"以义为利"的经营理念，浙商"义利双行"的价值追求，无不蕴含着义利兼顾的经济伦理，但其对"以义取利"的研讨，还不够具体，还需要进一步深入。

在中国历史上对"义"的理解分为两派：一派为儒家学派，以孔子为代表；另一派为墨家，代表人物为墨子，墨家认为"义"的含义为道义。儒家学派通常把义与仁联系起来，称为"仁义"，其中"仁"的含义是爱。为此，孔子认为，对君主要尽忠守则，对父母要尽孝有德，对兄弟姊妹子女要相互关爱，对亲戚朋友要相互帮助。孔子认为义是一种道德原则，要求人们遵循正义公正，实现社会稳定和谐。晋商、徽商、浙商，就是把义与利联系起来进行经营管理，"以义取利"的内涵，就是在为个人和组织获取利益时，必须要忠诚且勇于奉献，必须要尽责且有担当。中华优秀传统文化向来倡导见利思义，义在利先，反对见利忘义，唯利是图。荀子曰：先义而后利者荣，先利而后义者辱。

### 4. 既要靠自律，也要靠他律

自律是守信的基础，他律则能促进守信文化的形成，这三者都是社会道德和个人行为规范的重要组成部分。它们相互依存，相互影响，共同构成了社会和谐与个人发展的基石。为什么要坚守信用？正如《左传》所记载，"信，国之宝也，民之所庇也"，中华优秀传统文化强调重信守诺，诚实守信是中华民族在长期社会活动中积累的道德观、经营观的重要体现，是展业、人生的基础。所谓"一诺值千金"，无论是在国内还是在国外，不讲信用，寸步难行。

怎样积极培育"诚实守信"这一中国特色金融文化：《诚实守信，不逾越底线——积极培育中国特色金融文化①》中给出的答案是"不逾越底线"。为此，"既要靠自律，也要靠他律"。自律，即必须坚持讲义守信的品行和操守，无论是"百年老店"还是新上商业店铺，都要明文公示'戒欺'，告诫员工牢记诚实经营的理念。对于金融行业而言，诚实守信更是安身立命、不断发展的生命线。既加强现代金融基础设施"硬实力"建设，也促进价值观、行为规范等"软实力"提升，推动金融从业人员将"诚实守信，不逾越底线"扎扎实实落实在本职岗位上、具体行动中，就一定能不断谱写金融高质量发展新篇章。

### 5. 守正是前提，创新是动力

守正创新，守正是前提，创新是动力。守正是前提，就是一定要以金融服务于实体为根本宗旨，要把更多的金融资源用于促进科技创新、先进制造、绿色发展和小微企业，疏通资金进入实体经济渠道。习近平总书记指出，守正才能不迷失自我、不迷失方向。习近平总书记还强调："中国式现代化不能走脱实向虚的路子。"不能搞伪创新，乱创新，要紧紧围绕更好服务实体经济创新，便利人民群众推动创新。守正为本，创新为要，创新才能把握时代，引领时代。

### 6. 遵纪守法，积极培育

《人民日报》评论部 2024 年 2 月 26 日以《依法合规，不胡作非为——积极培育中国特色金融文化⑤》为题，发表了评论员文章。从文章表达的内容含义看：依法合规，不胡作非为应当是"中国特色金融文化"、应当是"积极培育"的一个重要部分。

对于这个问题，有三点需要注意：一是遵纪守法是业内工作人员供职的起码要求。二是在公有制下，有的法规就是政府（如财政部）制定的，比如商业性银行坏账的处理和减免贷款等，因此，财政部可以说是独资制或股份制企业最大的"老板"。在这种状况下，制定法规的"老板"不执行所制定法规引起法律纠纷，最终还要归罪于自然人"胡作非为"，当事人能接受吗？在法律上能说得过去吗？在建立健全破产制度的条件下，银行等金融机构可面临破产通常的情况是银行作为债权人受损，债务人（借款）受益。公有制下银行受损，不仅利息无着落，甚至连贷款的本金也收不回来，这就是"破银行的产"。三是权威部门曾提出"少破产，多兼并"的主张。这主要是从减少职工失业问题的角度进行考虑的，这是"不得已"的办法。

## 二、评论员观点

### 1. 诚实守信，不逾越底线

金融的本质是中介，通过多种方式将储蓄转化为投资，实现资金跨时间跨空间的高效配置。长期以来，无论金融活动的组织形式、运行机制、流程规范等如何演进，其本质并没有改变，都在于联结资金的供给方和需求方。判定金融活动是否高效的一个直观标准，是供需之间的金融中介成本是否降低。提升金融体系效率、降低金融中介成本的关键在于降低资金供需双方建立信任的成本。

诚实守信是中华优秀传统文化的重要内容。《左传》有载，"信，国之宝也，民之所庇也"。孟子强调"诚者，天之道也；思诚者，人之道也"。商鞅"立木为信"、季布"一诺千金"等成语典故都在强调诚信的重要性。具体到金融实践中，大力弘扬诚实守信文化，倡导不逾越底线、不触碰红线，不仅有助于直接降低资金供需双方的信任成本，提升金融市场流动性和效率，还可以间接降低监管成本，提高金融中介效率。

## 2. 以义取利，不唯利是图

资本具有天然的逐利性。金融使劳动分工、规模经济成为可能，金融的发展促进了经济的增长。但同时，在资本主义意识形态和社会制度下，金融资本暴露出明显的垄断性、掠夺性和脆弱性，不仅造成巨大的贫富差距，而且屡次引发经济金融危机。

中华优秀传统文化强调要正确处理好"义""利"关系，倡导见利思义、以义取利、重义轻利、舍利取义，反对唯利是图、见利忘义。孔子主张"富与贵，是人之所欲也，不以其道得之，不处也"。荀子认为"先义而后利者荣，先利而后义者辱"。秉持以义取利的价值观念，坚持以人民为中心的价值取向，坚持把金融服务实体经济作为根本宗旨，便会以经济的增长和社会福祉的增加为追求，摒弃短期套利、操纵市场、欺瞒造假等不当及违法违规行为。

要顺应我国经济社会新发展和广大人民群众新期待，建立健全多样化专业性的金融产品和服务体系，加大对重大战略、重点领域和薄弱环节的金融支持力度，着力做好科技金融、绿色金融、普惠金融、养老金融、数字金融五篇大文章，提升金融服务的覆盖率、可得性和满意度，让广大人民群众共享金融发展成果。

## 3. 稳健审慎，不急功近利

中华优秀传统文化提倡"居安思危""行稳致远"，

强调"未雨绸缪""防患于未然"。荀悦在《申鉴·杂言》中论道"防为上，救次之，戒为下"。《老子》有载"知足不辱，知止不殆，可以长久"。中华传统商业文化特别强调稳健经营，"将本求利"是古代钱庄票号最基本最重要的行事准则，实质就是重视资本金约束。打造稳健审慎的金融文化氛围，对于维护金融市场稳定、增强金融机构风险管理能力、防范化解系统性金融风险至关重要。

党的十八大以来，以习近平同志为核心的党中央高瞻远瞩、未雨绸缪，时刻把防控风险摆在突出位置，防范化解重大金融风险攻坚战取得积极成效，有力维护了国家经济金融稳定和人民财产安全。做好新时代新征程金融工作，要坚持稳健审慎，不急功近利、不好高骛远。健全宏观审慎政策框架，丰富监管工具，更加注重跨周期和逆周期调节，保持货币信贷总量和社会融资规模合理增长。完善微观审慎监管，以资本充足率、资产质量、管理能力、盈利表现、流动性、市场风险敏感度等为标准，完善金融机构评价体系。健全风险监测预警和早期干预机制，实现风险早识别、早预警、早发现、早处置。

### 4. 守正创新，不脱实向虚

中华文明具有突出的创新性，中华民族始终以"苟日新，日日新，又日新"的精神不断创造自己的物质文明、精神文明和政治文明。我们也历来崇尚在守正中创新，积极汲取中华优秀传统文化的精华并进行创新发展。习近平总书记强调，"守正才能不迷失自我、不迷失方向，创新才能把握时代、引领时代"。

具体到金融实践中，"守正"包含两个层面的含义：其一，始终坚持马克思主义在意识形态领域的指导地位，坚持"两个结合"的根本要求，毫不动摇坚持中国共产党的领导；其二，坚持金融服务实体经济的根本宗旨，遵守法律法规、恪守职业道德、尊重经济规律、保护金融消费者合法权益。

守正创新，走中国特色金融发展之路，必须坚持党中央对金融工作的集中统一领导，坚持以人民为中心的价值取向，坚持把金融服务实体经济作为根本宗旨，坚持把防控风险作为金融工作的永恒主题，坚持在市场化法治化轨道上推进金融创新发展，坚持统筹金融开放和安全，坚持稳中求进工作总基调。要以金融体系结构调整优化为重点，优化融资结构和金融机构体系、市场体系、产品体系，完善机构定位，强化市场规则，健全法人治理，深化金融供给侧结构性改革。

## 5. 依法合规，不胡作非为

我国传统法律文化崇尚德法相辅，强调"礼法并用"。先秦法家主张"不别亲疏，不殊贵贱，一断于法"。党的二十大报告提出，"必须更好发挥法治固根本、稳预期、利长远的保障作用，在法治轨道上全面建设社会主义现代化国家"。中央金融工作会议提出，要加强金融法治建设，及时推进金融重点领域和新兴领域立法，为金融业发展保驾护航。

新时代新征程加强金融法治建设可从以下几方面着力。一是加强重点领域立法。根据金融领域改革与发展要求，推动重要法律法规制定和修订，织密金融法网，补齐制度短板。尤其要完善关于金融稳定和安全的法规，明确金融风险处置的触发标准、程序机制、资金来源和法律责任，健全权责一致的风险处置责任机制。二是丰富执法手段。

在市场准入、审慎监管、行为监管等各个环节严格执法，实现金融监管横向到边、纵向到底。加强金融管理部门与宏观调控部门、行业主管部门、司法机关、纪检监察机关等监管协同，完善行政、民事、刑事立体追责体系，严厉打击非法金融活动，整治各种金融乱象。三是完善金融监管体制机制。实现金融监管全覆盖，依法将所有金融活动全部纳入监管。持续加强机构监管、行为监管、功能监管、穿透式监管、持续监管，不断提升监管专业性、权威性和透明度。

培育金融文化是一项系统工程、基础工程、长期工程，其内容十分丰富，任务极为艰巨，不可能一蹴而就，需要持续努力、久久为功。新时代新征程，必须坚持以习近平新时代中国特色社会主义思想为指导，积极培育中国特色金融文化，增强金融文化自觉与自信，推动我国金融高质量发展，为以中国式现代化全面推进强国建设、民族复兴伟业提供有力支撑。

**这部分参考了《经济日报》2024年2月7日的报道**

## 参考文献：

［1］梁涛.金融供给侧结构性改革是防范系统性风险的重要手段［EB/OL］.（2019-12-21）［2024-10-19］.https://baijiahao.baidu.com/s？id=16535104921713 87206&wfr=spider&for=pc.

［2］王晓秋.后危机时期提升我国国际金融话语权的对策研究［J］.改革与战略，2012，28（3）：71-74.

［3］苗雨君.实施有效金融监管的策略研究［J］.黑龙江对外经贸，2009（2）：97-98.

［4］李振兴.从上海、香港和新加坡金融生态环境比较研究看上海如何建设国际金融中心［D］.上海：上海交通大学，2009.

［5］刘胜良.基于伦理视角的企业竞争优势研究［D］.桂林：广西师范大学，2006.

# 跋

一般说来，跋又称跋文，是古代文人雅士的著述。据记载，跋文起源于战国时期，盛行于唐宋时期，经历元、明、清各代，一直延续至今，它既可用于文学创作，又可用于艺术评论，更是文化传承的载体。为了充分发挥这一载体容易为人们所接受、通俗易懂、喜闻乐见的特质，现代大都改跋文为后记。

从马克思诞生到2024年已经206年了，200多年来，这位革命导师不仅指导我们勇于实践，而且激励我们解放思想，砥砺向前。我作为一位学者，最近学习了中国人民大学出版社出版的陈先达、靳辉明两位专家的著作——《马克思早期思想研究》，我从中发现，早期的马克思是一位民主主义者，他在反封建的过程中，受黑格尔哲学影响较深。早期的马克思也是有神论者，他从有神论者到无神论者有个转变过程。马克思一开始迷恋黑格尔哲学，特别是辩证法思想，但后来马克思的哲学理论批判并超越了黑格尔哲学。马克思最初学习和研究费尔巴哈的机械唯物主义，但后来，他发现这样的学习和研究存在局限性。马克思得益于德国古典哲学的优秀遗产，后来又从研究哲学转向研究政治经济学。

恩格斯研究经济学早于马克思，这对马克思转向政治经济学的研究起到了促进作用。在恩格斯的促进下，马克思非常注意研究私有财产，即私有制的问题。和恩格斯一样，马克思曾短暂地对劳动价值论持否定的态度，但不到半年，马克思就在《神圣家族》一文中承认了劳动价值论的思想，几年后，马克思又在《哲学的贫困》中创立了自己的劳动价值论，并发现了剩余价值论的来源。马克思更深入地、具体地研究和提出了工资、利润、地租三种财富分配的主要形式，揭示了工人、资本家、土地所有者三大阶级对立的经济根源。马克思转向经济学研究，正是适应了历史的需要。所谓"正是适应了历史的需要"，就是马克思登上了历史的舞台，致力于把哲学、政治经济学和科学社会主义三大组成部分凝聚起来。从发展的视角观察是历史的必然。要理解为什么是历史的必然，必须首先理解以下几个方面：①马克思著作中的"政治经济学"是指"社会的""国家的""城市的"组织管理，而非"家庭的"组织管理。②政治经济学产生的经济基础是"工场手工业"的形成和发展。③对于"市民社会"的形成，马克思指出，"市民社会的实质是财产所有权"，而私有财产是政府制度的基础，表明"市民社会"的核心是利益关系，国家是"市民社会"的集中代表，政府制定法律，法律反映市民社会的诉求。④还要强调的是，在马克思主义产生以前，当时的一些部门和专家在经济学理论上已经取得了很高的成就，但他们的认识远不如马克思深刻。概括地说，在马克思的一生中，他不断探索和寻求人类解放的道路和力量，找到了实现人类解放的途径和决定力量、政策和方法。这一内容，也系统地反映在本书的第一章中。这应当说是"导论的继续"。

本书第二章金融强国的真实意义在于金融安全，从我国现阶段的实际出发，提出导致金融安全形势仍然不容乐观的九个重要因素，并分析及研究其对策，从而强调建设金融强国的重要意义。这是深刻的、具体的、具有战略性的举措，不仅适应"社会主义中国的要求"，而且能够适应大多数发展中国家的要求。要知道，当代世界绝大多数国家选择市场经济制度或体制的主导因素是资本主义的发展和世界市场的形成。可以说，当代经济是"市场经济王国"时代，顺"市场经济王国"而动则兴，逆"市场经济王国"而动则衰，这也是经济规律、历史潮流。

为本书作序的西南财经大学党委书记赵建军同志在序中指出："金融是国民经济的血脉，是国家核心竞争力的重要组成部分。党的十八大以来，以习近平同志为核心的党中央把马克思主义金融理论同当代中国具体实际相结合、同中华优秀传统文化相结合，加强对金融工作的全面领导和统筹谋划，积极探索新时代金融发展规律，不断加深对中国特色社会主义金融本质的认识，不断推进金融实践创新、理论创新、制度创新，提出加快建设金融强国的战略目标，明确了中国特色金融的发展方向，为新时代新征程推动金融高质量发展提供了根本遵循和行动指南。"他的这段表述完整、逻辑严密的论述，说明其深刻理解了习近平总书记筹划的我国金融发展蓝图是我国金融业发展的保障。我认为没有相当的理论功底和实践经验，是难以写出这样的内容的。

说实在的，我与赵建军书记在过去接触不多，但在我深入研究金融强国、撰写本书的过程中，他给予了不少帮助。一方面，他为人诚恳、直率、坦荡，在本书撰写过程中多次建议我哪一部分内容可以略去，应当写的内容怎么详细展开，而且他对我的理论功底充满信心。另一方面，他热爱事业、乐于助人，不仅多次建议我如何修改字句，还建议我如何合理安排章节，令人动容，感人至深。他的行为体现了一名党委领导者的高尚情操，以及尊重知识、尊重人才、尊重创新的优秀精神品质。

2024 年 9 月